城市建成区域路桥设计施工技术与交通组织优化

周 全 马 隽 彭 寅 著

吉林科学技术出版社

图书在版编目（CIP）数据

城市建成区域路桥设计施工技术与交通组织优化 / 周全, 马隽, 彭寅著. -- 长春：吉林科学技术出版社, 2022.8

ISBN 978-7-5578-9440-5

Ⅰ. ①城… Ⅱ. ①周… ②马… ③彭… Ⅲ. ①道路工程－设计②桥梁工程－设计③城市交通系统－最佳化－研究 Ⅳ. ①U41②U44③U491.2

中国版本图书馆 CIP 数据核字(2022)第 114687 号

城市建成区域路桥设计施工技术与交通组织优化

著	周 全 马 隽 彭 寅
出 版 人	宛 霞
责任编辑	王丽新
封面设计	林忠平
制 版	北京荣玉印刷有限公司
幅面尺寸	185mm×260mm
开 本	16
字 数	270 千字
印 张	11.75
印 数	1－1500 册
版 次	2022年8月第1版
印 次	2022年8月第1次印刷

出 版 吉林科学技术出版社
发 行 吉林科学技术出版社
地 址 长春市南关区福祉大路5788号出版大厦A座
邮 编 130118
发行部电话/传真 0431-81629529 81629530 81629531
81629532 81629533 81629534
储运部电话 0431-86059116
编辑部电话 0431-81629510
印 刷 廊坊市印艺阁数字科技有限公司

书 号 ISBN 978-7-5578-9440-5
定 价 44.00元

编审会

前　言

PREFACE

近年来，随着我国城市化、机动车化的加速推进，城市交通系统在保障城市基本功能发挥、支撑城市正常运转及促进城市快速发展等方面发挥着越来越大的作用。其中，城市道路交通系统作为城市交通系统的重要组成部分，是城市发展的基础与前提，承担了城市中大量的机动车、非机动车及步行的出行。城市道路交通系统的网络形态往往决定了城市的发展形态，其功能是否正常发挥，直接影响城市居民的日常工作和生活的同时，也左右着城市的健康发展。

然而，面对愈演愈烈的城市道路交通拥堵、交通安全、交通污染等诸多问题，除了从城市交通规划角度优化城市交通空间结构、协调交通与城市土地利用的关系，进而控制交通需求和优化需求结构外，结合城市道路交通特征，合理、科学地规划和设计城市道路交通系统，提高道路交通的通行能力和服务水平，实现道路交通设施供给与道路交通需求的平衡发展，也是解决上述问题的关键。

工程建设施工现场管理是一项具体而细致的工作，也是一项科学性、实用性、综合性非常强的工作，它融合了施工现场管理人员、监理人员以及工程建设施工者的综合素质。由于工程建设施工现场管理是全方位的，要求现场管理人员对工程建设项目的安全、质量、进度、成本等方面都要进行正规化、标准化、制度化管理，这样才能使工程建设现场管理的各项工作有条不紊顺利进行。现阶段随着工程建设市场的不断发展，各种先进的管理思想和理念正逐渐融入到施工现场管理中，这也对工程建设施工现场管理人员提出了更高的要求。

本书围绕"城市建成区域路桥设计施工技术与交通组织优化"，以城市道路基础知识为基础和前提，依次一般道路路基设计、市政工程施工组织设计等几大部分。从内容上看，本书内容涉及面广、针对性强，着重研究了城市桥梁工程、市政工程施工组织与管理、市政工程绿色建材及应用、城市交通系统、交通运输能力以及交通管理与道路安全等内容。为城市建成区域路桥设计施工技术的发展奠定了基础；最后强调了城市行车安全与应急处置。从结构上看，本书构思新颖、逻辑严谨，将理论与实践紧密结合，使读者在充分了解城市建成区域路桥设计施工技术的基础上，加强城市交通的组织优化与管理中的实践应用。

本书坚持理论性与实践性相结合，具有较强的知识性和可操作性，既可供工程施工或城市道路工程领域、设计城市道路等工作者时使用，也可作为此方面研究学者的参考用书。

编　者

目 录
CONTENTS

第一章 城市道路概述

第一节 城市道路的功能与特点

一、城市道路的组成、功能和特点

（一）城市道路的组成

城市道路由各种类型、各种等级的道路、交通广场、停车场及加油站等设施组成。在高度发达的现代化城市，城市道路还包括高架道路、人行过街天桥（地道）和大型立体交叉工程等设施。而由城市道路的长度、路网密度、等级结构、布局、设施等形成的供道路交通运行的系统则被称为城市道路系统。因此，与公路相比，城市道路的组成更加复杂，功能也更多一些。

一般情况下，在城市道路建筑红线之间，城市道路由以下几个不同功能部分组成。

①车行道，即供各种车辆行驶的道路部分。其中，供汽车、无轨电车等机动车行驶的称为机动车道；供自行车、三轮车等非机动车行驶的称为非机动车道；供轻型轨道车辆和有轨电车行驶的分别称为轻轨线路和有轨电车道。通常，有轨电车道与城市道路位于同一高程层面，轻轨线路则与城市道路在高程上分离，以保证轻轨交通的畅通与便捷。

②路侧带，即车行道外缘石至道路红线之间的部分，包括人行道、设施带、路侧绿化带3个部分。其中，设施带为行人护栏、照明杆柱、标志牌、信号灯等设施的设置空间。

③分隔带，即在多幅道路的横断面上，沿道路纵向设置的带状部分，其作用是分隔交通流、安设交通标志和公用设施等，同时也是道路绿化的用地之一。

④交叉口和交通广场。

⑤路边停车场和公交停靠站。

⑥道路雨水排水系统，如街沟、雨水口（集水井）、检查井、排水干管等。

⑦其他设施，如渠化交通岛、安全护栏、照明设备、交通信号（标志、标线等）。

（二）城市道路的功能

1．交通功能

交通功能也称为交通设施功能，是指由于城市各种活动产生的交通需求中，对应于道路交通需求的交通供给功能。在城市中，道路交通是城市交通的主要形式，城市中各个不同的功能分区都需要通过城市道路进行连接，城市中的各项活动（工作、学习、生活、旅游等）也离不开城市道路交通。没有良好、完善的城市道路网，城市建设和经济建设都不可能得到良好的发展。因此，城市道路的首要功能是为各种机动车、非机动车和行人提供通道的廊道和场地。

交通功能可分为以长距离输送为主的交通输送功能和以沿路出入功能为主的交通集散功能。城市道路的交通输送功能为车辆提供长距离、快速、通畅的交通功能；交通集散功能则为机动车、非机动车、行人等提供向沿路的各处用地、建筑物等出入的功能。一般而言，干线道路主要考虑交通输送功能（包括过境交通），支路则主要考虑沿路地块利用的交通集散功能；在不妨碍道路交通情况下的路边临时停车、装卸货物、公交停靠等，也属于交通集散功能。

2．公共空间功能

城市道路是城市中具有重要地位的空间环境，在大部分的城市中，道路的面积约占所有土地面积的四分之一。随着城市建设的高速发展，城市土地利用率越来越高，再加上建筑物的高层化，城市道路这一公共空间的价值显得更加重要。因此，除了保障车辆、行人的通行功能之外，城市道路也为城市其他设施提供布置场地。

城市道路的公共空间功能首先表现在为城市公用事业地上、地下管线（电力、电讯、供热、燃气、给排水）等市政设施提供布设空间。而且，在大城市或特大城市中，地面和地下轨道交通等也往往敷设在城市道路用地范围以内，市中心或大的交叉口的地下也可用来埋设综合涵道。此外，电话亭、火灾报警器、消防栓、配电箱等大多也沿路设置。

3．防灾救灾功能

城市是人口密集的场所，必然会出现意想不到的灾害。道路的防灾救灾功能包括避难场所、防火隔离带、消防和救援通道等。

在出现地震、火灾等大的灾害时，人们需要避难场所，具有一定宽度的道路（广场）可作为临时的避难场所。此外，道路与具有=定耐火性的建筑一起可形成有效的防火隔离带，以避免火势向相邻街区蔓延。

4．城市结构及建筑艺术功能

城市道路网的规划，反映了一个城市的平面整体结构与建筑布局风格。从城市规划的过程来看，在确定用地性质和划分用地范围之后，第一步工作便是进行道路网的规划与设计，这足以说明城市道路在形成城市平面结构中的重要性。通常，干线道路形成城市骨架并向四周延伸，支路则形成街区和邻里街坊，互相连接构成一个统一体，并配合道路来表现城市建筑各个方位的立面，以及建筑群体之间组合的艺术体，进而通过人随道路的转向而转移视点方位，获取丰富、生动的环境影像。因此，城市道路不仅是体现城市整体结构也是反映城市面貌和建筑风格的艺术手段之一。

（三）城市道路的特点

城市道路与公路、其他道路相比，有很多相似之处。但是，由于城市道路的特殊地位和城市道路工程功能，使得城市道路有其独特的特点，具体如下。

1. 组成复杂，功能多样

城市道路的组成相比一般公路要复杂些，除了有机动车道之外，还有非机动车道、人行道、绿化、照明、停车场、地上杆线和地下管线等，有的还有高架道路、地下道路、地下铁道、人防工程等，这些都会给城市道路的规划、设计增加一定的难度。因此，在道路网规划布局和城市道路设计时，也要兼顾其各方面功能的要求。

2. 需要考虑行人和非机动车的交通

不同于公路和其他道路，城市道路中行人和非机动车流量较大，因此在道路设计时不能只考虑汽车等机动车辆的交通问题，还要考虑非机动车和行人流量较大所带来的问题。一方面，在商业区、车站、码头、大型公共娱乐场所等处道路的人流相对集中，需要妥善设计和组织好行人交通问题；另一方面，城市道路存在大量的非机动车，车速差异大、相互干扰大，需要在城市道路设计和交通组织管理中妥善解决。

3. 交通分布不均衡

由于城市道路分布在城市的各个角落，因而道路交通量也相应地分布在各个角落的城市道路上。但由于各类建筑物的性质不同，各条道路上的交通量也不完全一致，有大有小，有主有次。所以在进行城市道路网规划时，应进行调查研究，分清人流和车流的主次和大小，用不同等级的道路来匹配不同的交通量。

4. 道路交叉口多

城市道路是以路网的形式出现的，要实现路网的"城市交通动脉"的功能，频繁的交叉口是必不可少的。因此，道路交叉口多也是城市道路的一个明显特点。交叉口的存在直接影响着车速和道路通行能力，因此，交叉口设计是否合理制约着城市道路系统整体功能的发挥。

5. 道路两侧建筑物密集

城市往往是一个地区的政治、经济、文化中心，是贸易和对外交流的中心，也是人口集中居住的地方，城市道路的两侧更是建筑用地的黄金地带。在规划设计城市道路宽度时，必须充分预计到中远期交通发展的需要，并严格控制好道路红线的宽度。此外，还要注意建筑物和道路相互协调的问题，就道路交通管理来说，关键是建筑物出入口与道路的关系问题。

6. 景观艺术要求比较高

城市干道网是城市的骨架，城市总平面布局是否美观、合理，在很大程度上体现在道路网，特别是干道网的规划布局上。城市环境的景观和建筑艺术，必须通过道路映衬才能充分反映出来，道路景观与沿街的人文景观和自然景观浑然一体，尤其与道路两侧建筑物的建筑艺术更是相互衬托、相映成趣。因此，不仅要求城市道路网络本身具有良好的景观，也要求道路与城市的建筑群体、名胜古迹、自然风光、城市文化等配合来取得较好的艺术效果，从侧面体现和反映出一个城市的文明程度。

7. 规划、设计的影响因素多

城市里人来人往，一切人和物的交通，均需利用城市道路；同时，各种市政设施、绿化、照明、防火、街边小憩区等，无一不是在道路建设用地范围内实现的。这些因素，在城市道路规划设计时必须综合考虑，特别是地下设施和地上道路设施的协调问题。

8. 政策性强

城市道路的规划设计涉及社会的各个领域和部门，在规划设计中经常需要考虑城市发展规模、城市规划修编、技术设计标准、房屋拆迁、土地征用、工程造价、近期与远期、需要与可能、局部与整体等问题，这些牵扯许多有关的方针政策。因此，城市道路的规划设计工作是一项政策性很强的工作，必须统筹考虑，贯彻执行有关的法规、方针和政策，必须服从城市的总体规划。我国目前大中城市面临的旧路改造工程就是一个政策性很强的问题。它关系到被拆迁市民的切身利益，涉及许多政策和法规，这也使它的规划设计不仅仅是个工程技术问题了，这也要求道路工程师能够及时学习政策、掌握政策精神。

第二节　城市道路的分类与标准

一、城市道路的分类

根据《城市道路工程设计规范》（CJJ 37—2012）的规定，城市道路应按道路在道路网中的地位、交通功能及对沿线的服务功能等，分为快速路、主干路、次干路和支路4个等级，各个等级的道路应符合以下规定。

（一）快速路

快速路是为城市中大量、长距离、快速交通服务的，在城市内修建的具有单向多车道的城市道路。快速路应中央分隔、全部控制出入、控制出入口间距及形式，应实现交通连续通行，单向设置不应少于两条车道，并应设有配套的交通安全与管理设施。

4

　　快速路应有平顺的线形，使汽车交通更加安全、通畅和舒适。与交通量大的干路相交时应采用立体交叉，与交通量小的支路相交时可采用平面交叉，但要有控制交通的措施。两侧有非机动车时，必须设置完整的分隔带。横过车行道时，需经由控制的交叉路口或天桥、地道。

　　快速路服务于中长距离的机动车交通，是城市中快速、大运量的交通干道，与城市外主要的高速公路进出口连通，快速集散出入境及跨区的机动车出行。在规划布设建筑物时，快速路两侧不应设置吸引大量车流、人流的公共建筑物出入口，其两侧一般建筑物的进出口应加以控制。

（二）主干路

　　主干路应连接城市各主要分区，应以交通功能为主。主干路两侧不宜设置吸引大量车流、人流的公共建筑物的出入口，如剧院、体育馆、大型商场等。必须设置时，建筑物应后退，让出停车和人流疏散场地。

　　主干路通常由机动车道、非机动车道和人行道组成。在非机动车较多的主干路上，宜采用机动车与非机动车分隔的道路断面形式（如三幅路、四幅路），来减少机动车和非机动车的相互干扰。

　　主干路上的交通要保证一定的行车速度，因此应根据交通量的大小设置相应宽度的车行道，供车辆快速、通畅行驶。主干路上的交叉口宜尽量减少，来减少相交道路上车辆进出的干扰，且一般不设置立体交叉，而采用扩宽交叉口引道的方法来提高通行能力。个别流量特大的主干路交叉口，也可根据需要设置立体交叉。

（三）次干路

　　次干路是分布在城市内各区域的地方性干道，应与主干路结合组成干路网，以集散交通的功能为主，兼有服务功能，起到广泛连接城市分区域各部分及集散交通的作用。

　　次干路是城市中数量较多的一般的交通性道路，一般不设置立体交叉，部分交叉口可以扩大，一般可设4条车道，也可不单独设非机动车道。次干路兼具服务功能，其两侧允许设置吸引人流的公共建筑物，并可设置机动车和非机动车的停车场、公共交通站和出租车服务站。

（四）支路

　　支路宜与次干路和居住区、工业区、交通设施等内部道路相连接，用于解决局部地区交通，以服务功能为主。它既是城市道路交通的起点，又是交通的终端。部分支路用于补充干路网的不足，可以设置公共交通路线，也可以规划自行车专用道。支路为局部地区交通和行人服务，一般不负担过境交通。

二、城市道路的技术标准

城市道路的技术标准涵盖了多方面的内容，如道路车辆和交通特性方面的设计车辆、设计速度、交通量、通行能力、设计年限以及道路红线等相关内容。

（一）设计车辆

设计车辆是指对道路上行驶的各种车辆进行归类，将其尺寸标准化，作为道路设计的依据。设计车辆的外廓尺寸直接关系到车行道宽度、弯道加宽、道路净空、行车视距等道路几何设计问题。因此，设计车辆的规定对道路的几何设计具有决定性的意义。设计车辆可分为机动车设计车辆和非机动车设计车辆两种。

1．机动车设计车辆

根据《城市道路工程设计规范》（CJJ 37—2012）的规定，机动车设计车辆应包括小客车、大型车、铰接车，其外廓尺寸应符合表1-1的规定。

表1-1　机动车设计车辆及其外廓尺寸的规定

单位：m

车辆类型	总长	总宽	总高	前悬	轴距	后悬
小客车	6	1.8	2.0	0.8	3.8	1.4
大型车	12	2.5	4.0	1.5	6.5	4.0
铰接车	18	2.5	4.0	1.7	5.8+4.7	3.8

注：总长——车辆前保险杠至后保险杠的距离。

总宽——车厢宽度（不包括后视镜）。

总高——车厢顶或装载顶至地面的高度。

前悬——车辆前保险杠至前轴轴中线的距离。

轴距——双轴车时，为从前轴轴中线到后轴轴中线的距离；铰接车时，分别为前轴轴中线至中轴轴中线、中轴轴中线至后轴轴中线的距离。

后悬——车辆后保险杠至后轴轴中线的距离。

2．非机动车设计车辆

非机动车主要是指自行车、人力三轮车、人力平板车和畜力车。考虑到我国大中城市对于畜力车的行驶范围、路线及通行时间都加以限制，有的规定白天禁止进入市区。因此，畜力车对交通的影响较小，设计时一般不作控制。根据《城市道路工程设计规范》（CJJ 37—2012）规定的非机动车设计车辆外廓尺寸如表1-2所示。

表1-2　非机动车设计车辆及其外廓尺寸的规定

单位：m

车辆类型	总长	总宽	总高
自行车	1.93	0.60	2.25
三轮车	3.40	1.25	2.25

注：总长——自行车为前轮前缘至后轮后缘的距离；三轮车为前轮前缘至车厢后缘的距离。

总宽——自行车为车把宽度；三轮车为车厢宽度。

总高——自行车为骑车人骑在车上时头顶至地面的高度；三轮车为载物顶至地面的高度。

（二）设计速度

道路设计速度，也称为计算行车速度，是指天气良好、交通密度低的条件下，具有中等驾驶技术的驾驶员在路段上保持安全、舒适行驶的最大速度。设计速度是决定城市道路几何线形的基本依据。道路弯道半径、弯道超高、行车视距等线形要素的取值都与设计速度有关；此外，道路的横断面尺寸、侧向净宽及道路纵断面坡度等也与设计速度有着密切的关系。可以说，设计速度的高低直接反映出道路的类别、等级的高低，同时也与道路工程造价直接相关。一般而言，设计速度越高，道路工程造价也就越高，反之亦然。因此，城市道路设计速度的确定，不仅要考虑车辆的交通效果，也要考虑工程的经济性。

（三）交通量

交通量是指在单位时间内通过道路某一地点、某一断面或某一车道的交通实体数量，是交通管理、交通规划与道路设计等的重要依据。正确调查与预测交通量，将影响项目决策的科学性和工程技术设计的经济合理性，也将直接影响到道路的几何设计。

1. 设计年限平均日交通量

平均日交通量（简称为ADT）是指某一时段间隔内交通量的平均值。按照观测统计时间的不同可分为周平均日交通量（WADT）、月平均日交通量（MADT）、年平均日交通量（AADT）。而设计年限平均日交通量是指拟建道路到达远景设计年限时能达到的年平均日交通量。它是确定道路等级、道路结构和安全设施设计的基本数据。

$$N_t = N_0(1+r)^{t-1} \qquad （1-1）$$

式中：N_t——设计年限的年平均日交通量；

N_0——基年的交通量；

r——交通量的年递增率；

t——设计年限。

2. 设计小时交通量

在进行道路规划设计时，必须考虑交通量随时间变化出现高峰的特点，既要保证道路在规划初期满足绝大多数小时车流能顺利通过，不造成严重阻塞；同时也要避免道路建成后车流量很低，投资效益差的现象发生。因此，必须选择适当的小时交通量作为设计小时交通量，当作道路设计的依据。一般来说，设计年限末年的交通量最大，高峰小时交通量也将出现在设计年限末年。从工程经济的角度出发，设计小时交通量不是采用最大高峰小时交通量，而是采用一个适当的"较大高峰小时交通量"，通常采用"第30位小时交通量"，或根据当地调查结果控制在20~40位。

非机动车、行人的设计小时交通量的估算采用多因素相关分析结合规划指标确定。

（四）通行能力

通行能力这一概念是用来描述在一定的道路和交通条件下，单位时间内通过道路某一断面或某一条车道的最大车辆数或行人数。通行能力实际上是道路负荷状况的一种度量，既反映了道路疏通的最大能力，也反映了在规定特性前提下道路所能承担车辆运行的极限值。通行能力包括基本通行能力、可能通行能力、设计通行能力。

基本通行能力是指在道路、交通、环境和气候均处于理想状态时，单位时间内通过某一车道或某一断面的最大车辆数，是计算各种通行能力的基础；可能通行能力是指在通常的道路、交通、环境和气候条件下，单位时间内通过某一车道或断面的最大车辆数，它考虑了道路和交通条件与理想条件的差距，是对基本通行能力的修正；设计通行能力是指道路的运行状态保持某一设计服务水平时，通过某一车道或断面的最大车辆数，它是由可能通行能力乘以与该路服务水平相对应的交通量和基本通行能力之比。

（五）设 计 年 限

道路设计年限是指道路的正常工作年限，包括道路交通量设计年限和道路路面结构设计年限两层含义。

在道路交通量设计年限内，期望不发生交通拥挤或堵塞。道路交通量设计年限是预测或估算道路交通量达到饱和状态时使用的年限。一般来说，道路类别越高，设计年限越长。《城市道路工程设计规范》（CJJ 37—2012）规定：快速路、主干路为20年，次干路为15年，支路为10~15年。设计年限越长，道路横断面设计时车行道和人行道所需的宽度越宽，工程投资额就越大；反之亦然。

在道路路面结构设计年限内，则期望不发生路面结构的破坏。设计年限取值与路面建筑材料、路面工程建设和维护费用大小有关。考虑到路面结构维修比较困难，一般水泥混凝土路面的设计年限比沥青类路面长。《城市道路工程设计规范》

（CJJ 37—2012）中有关路面结构的设计年限规定值如表1-3所示。

表1-3 路面结构的设计使用年限规定值

单位：年

道路等级	路面结构类型		
	沥青路面	水泥混凝土路面	砌块路面
快速路	15	30	—
主干路	15	30	—
次干路	10	20	—
支路	8（10）	15	10（20）

（六）道路红线

道路红线是指城市道路用地分界控制线，红线之间的宽度即为道路用地范围，亦可称为道路的总宽度或规划路幅。因为城市道路红线以外的用地要进行建设，非常紧张，而且道路定位受建筑物的影响很大，因此道路红线是确定道路及两侧建筑物设计、施工的依据，此外也是城市公用设施各项管线工程的用地依据。道路红线规划设计主要内容包括以下几点。

1. 确定道路红线宽度

根据道路的功能和性质，采用适当的横断面形式，确定出各组成部分的合理宽度，从而确定道路的红线宽度。在确定红线宽度时，要充分考虑"近远结合，以近为主"的原则。

2. 确定道路红线位置

依据规划道路中心位置及横断面宽度，在城市总平面图上确定道路红线位置。新区道路，一般是先画定红线，然后依照红线分期修建；对于旧区道路，可采用一次扩宽至道路红线宽度或两侧分期逐步扩宽至道路规划红线宽度两种方式。

需要强调的是，由于城市道路规划设计涉及多方面的内容，因此，在实际的道路设计和施工中，除了参考《城市道路工程设计规范》的相关标准外，还需根据具体情况参考相关的其他技术规范标准，具体如下：

①《城市道路交通规划设计规范》（GB 50220—95）；

②《城市道路路线设计规范》（CJJ193—2012）；

③《城市道路交叉口规划规范》（GB 50647—2011）；

④《城市道路交叉口设计规程》（CJJ152—2010）；

⑤《无障碍设计规范》（GB 50763—2012）；

⑥《城镇道路路面设计规范》（CJJ169—2012）；

⑦《城市快速路设计规程》（CJJ129—2009）；

⑧《城市道路路基设计规范》（CJJ194—2013）；

⑨《透水砖路面技术规程》（CJJ/T188—2012）；

⑩《室外排水设计规范》（GB 50014—2006（2016版））；

⑪《城市排水工程规划规范》（GB 50318—2017）；

⑫《给水排水工程管道结构设计规范》（GB 50332—2002）；

⑬《给水排水工程构筑物结构设计规范》（GB 50069—2002）；

⑭《城市桥梁设计规范》（CJJ11—2011）；

⑮《公路桥涵设计通用规范》（JTG D60—2015）；

⑯其他相关规范标准。

第三节　城市道路的内容与要求

城市道路是一种带状的三维空间结构物，包括路基、路面、桥涵、隧道和其他辅助工程等实体。城市道路设计是城市道路建设的关键，其设计质量不仅影响城市道路的功能是否能满足城市交通的需要，而且还影响到城市的基础设施投资力度、长远规划和发展前景等。

一、城市道路设计的基本内容

城市道路设计包含的内容十分广泛。从总体上来讲，主要包括几何线形设计和结构构造设计两方面。

城市道路的几何线形设计研究的是汽车行驶与道路各个几何元素的关系，以保证在设计行车速度、预计交通量以及地形和其他自然条件下，达到行驶安全、交通通畅、行车舒适以及容容美观的设计目标。因此，在城市道路的几何线形设计中，要实现人、车、路、环境的相互协调。因而，在进行几何线形设计时需要研究驾驶者的心理、汽车运行的轨迹和动力性能、交通量和交通特性等与几何设计直接相关的问题。本书在分析城市道路特征的基础上，分别介绍几何设计的相关内容，如城市道路网规划、横断面设计、平面设计、纵断面设计、快速路设计、交叉口设计、立体交叉设计等。

城市道路结构构造设计方面，对路面、路基、桥涵、隧道等工程设计的总要求是：用最小的投资，尽可能少的外来材料及合理的养护力量，使它们能在自然破坏力和汽车行驶所产生的各种力作用下，在设计年限内保证使用质量。本书针对城市道路结构构造设计方面的内容主要体现在城市道路路基、路面的结构设计。

二、城市道路设计的要求

在现代的城市道路交通中，良好的道路线形、平整坚固的路基路面、视野清晰的交叉口、结构坚固且净空合理的桥隧建筑物，能为车辆的安全行驶提供有利的条件。相反，如果道路线形有缺陷、路面抗滑能力低、交叉口控制不合理、桥隧建筑物净空和结构不规范等，往往会导致事故的发生。因此，合理的城市道路系统设计显得尤为重要。

由建设部颁布的《城市道路交通规划设计规范》（GB 50220—95）中，对城市道路规划设计提出的基本要求如下。

①城市道路系统规划应满足客、货车流和人流的安全与畅通；反映城市风貌、城市历史和文化传统；为地上地下工程管线和其他市政公用设施提供空间；满足城市救灾避难和日照通风的要求。

②城市道路交通规划应符合人与车交通分行，机动车与非机动车分道的要求。

③城市道路应分为快速路、主干路、次干路和支路4类。

④城市道路用地面积应占城市建设用地面积的8%～15%。对规划人口在200万以上的大城市，宜为15%～20%。

⑤规划城市人口人均占有道路用地面积宜为7～15m²。其中：道路用地面积宜为6.0～13.5m²/人，广场面积宜为0.2～0.5m²/人，公共停车场面积宜为0.8～1.0m²/人。

现代的城市道路交通是道路、行人、车辆和环境各方面的协调和综合。不仅需要满足道路交通流畅、安全、迅速、运输经济的要求，同时也应有益于使城市环境整洁、宁静、朴素大方和生动美观。因此，除了应符合以上《城市道路交通规划设计规范》（GB 50220—95）提出的要求以外，还应满足以下几个方面的基本要求。

（一）道路运输尽可能经济

道路的经济包括道路工程综合费用的经济和道路上交通运输的时间及费用的节省。城市道路交通规划设计的目标之一，就是以最少的工程建设、维护费用来获取最大的服务效果和交通运输成本的节省。

因此，在城市道路设计的实践中，要特别注重将道路、街坊建筑和公用设施综合起来考虑，要根据交通性质、流量、流向的特点，结合地形、现状合理布设线路及其断面，尽可能使交通量大、车速要求高的交通干道线比较便捷、平顺，以达到减少行车途中干扰和停顿目的。对次要道路则不一定要强求线形的平顺，而应该注重地形和现状，以达到工程费用的经济。

（二）交通应流畅、迅速和安全

行车速度和通行能力是城市道路最重要的技术指标，并对保障交通流畅、迅速、安全有着重要的意义。其中，行车速度的高低反映了道路和交通组织的技术水平和质量，只有根据城市规模和道路性质恰当地规定城市道路路段的计算行车速度才能对交通安全、流畅起到积极的作用。此外，各类车辆能够连续不断分流行驶是道路行驶速度、通行能力达到较高水平的标志。因此，合理确定道路性质、适当放大交叉口间距、妥善组织平交叉道口交通、布置必要的立体交叉，力求速度差别较大的快慢车分流、车流与人流的分隔，才能提高道路的通行能力，达到交通流畅、迅速和安全的目的。

（三）要特别注重环境的保护

城市是人们集中进行生产和居住生活的地方。但随着城市交通的快速发展和机动车辆的不断增多，汽车行驶过程中排放的废气和噪声污染成为城市中一个流动的污染源。因此，在规划设计城市道路时，必须综合考虑环境保护的要求，注意结合道路性质、自然地形和交通分隔带的设置加强绿化，并妥善确定城市道路路网密度，以保持居住建筑区与交通干道之间有足够的消音距离。

（四）注重道路的配合、协调

城市道路的规划设计是城市总体规划的重要组成部分，其好坏不仅关系到整个城市的交通状况，而且关系到城市各个组成部分的配合与协调。因此，为保证城市的人、车流顺利运行，城市道路应具备：适当的路幅，以容纳繁重的交通；坚固持久、平整抗滑的路面，以保证车辆安全、迅速、舒适行驶；少扬尘、低噪声，以利于保护环境；便利的排水设施，确保雨、雪水及时排除；充足的照明设施，以利于晚间的车辆运行和居民活动；道路两侧足够宽的人行道、绿化带、地上杆线和地下管线。

由于城市道路与沿街建筑群体、各种公用设施协调配合成为一个整体，它对体现城市的面貌有着重要的作用。因此，城市道路在满足其交通基本要求和功能的前提下，也需要有一定的综合造型技术要求。所谓造型，是指通过路线的柔顺、曲折起伏、两侧建筑的进退、高低错落和绿化设置等，来协调路面立面、空间、色调及艺术形式的组合，从而使现代城市具有整洁、舒适、美观、气派、富有朝气的特点。

第二章　市政工程施工组织设计

第一节　流水施工组织

一、流水施工的特点

流水施工组织方式是将拟建工程项目的整个施工过程分解成若干个施工过程，也就是划分成若干个工作性质相同的分部、分项工程或工序；同时将拟建工程项目在平面上划分成若干个劳动量大致相等的施工段；在竖向上划分成若干施工层，按照施工过程分别建立相应的专业工作队；各专业工作队按照一定的施工顺序投入施工，在完成第一个施工段上的施工任务后，在专业工作队的人数、使用的机具和材料不变的情况下，依次地、连续地投入到第二、第三……直到最后一个施工段的施工，在规定的时间内，完成同样的施工任务；不同的专业工作队在工作时间上最大限度地、合理地搭接起来；当第一施工层各个施工段上的相应施工任务全部完成后，专业工作队依次地、连续地投入到第二、第三……施工层，保证拟建工程项目的施工全过程在时间上、空间上，有节奏、连续、均衡地进行下去，直到完成全部施工任务。

流水施工方式具有以下特点：

①尽可能地利用工作面进行施工，工期比较短。

②各工作队实现了专业化施工，有利于提高技术水平和劳动生产率，也有利于提高工程质量。

③专业工作队能够连续施工，同时使相邻专业队的开工时间能够最大限度地搭接。

④单位时间内投入的劳动力、施工机具、材料等资源量较为均衡，有利于资源供应的组织。

⑤为施工现场的文明施工和科学管理创造了有利条件。

二、流水施工的分类

根据流水施工组织的范围不同，流水施工可分为分项工程流水施工、分部工程流水施工、单位工程流水施工和群体工程流水施工等几种形式（表2-1）。前两种流水是流水施工组织的基本形式。在实际施工中，分项工程流水的效果不大，只有把若干个分项工程流水组织成分部工程流水，才能得到良好的效果。后两种流水实际上是分部工程流水的扩充应用。

表2-1　流水施工的分类

序号	类别	说明
1	分项工程流水施工	分项工程流水施工也称为细部流水施工。它是在二个专业工种内部组织起来的流水施工。在项目施工进度计划表上，它由一组标有施工段或工作队编号的水平进度指示线段，如浇筑混凝土的工作队依次连续地在各施工区域完成浇筑混凝土的工作
2	分部工程流水施工	分部工程流水施工也称为专业流水施工。它是在一个分部工程内部、各分项工程之间组织起来的流水施工。在项目施工进度计划表上，它由一组标有施工段或工作队编号的水平进度指示线段来表示。例如某办公楼的基础工程是由基槽开挖，做混凝土垫层，砌砖基础和回填土等4个在工艺上有密切联系的分项工程组成的分部工程。施工时将该办公楼的基础在平面上划分为几个区域，组织4个专业工作队，依次连续地在各施工区域中各自完成同一施工过程的工作，即为分部工程流水
3	单位工程流水施工	单位工程流水施工也称为综合流水施工。它是在一个单位工程内部、各分部工程之间组织起来的流水施工，在项目施工进度计划表上，它是若干组分部工程的进度指示线段，并由此构成一张单位工程施工进度计划
4	群体工程流水施工	群体工程流水施工亦称为大流水施工。它是在若干单位工程之间组织起来的流水施工，反映在项目施工进度计划上，是一张项目施工总进度计划表

三、流水施工表达方式

流水施工的表达方式，主要有横道图和网络图两种方式。其中横道图有水平指示图表和垂直指示图表等方式。网络图有横道式流水网络图、流水步距式流水网络图、搭接式流水网络图和三维流水网络图等形式。

四、流水施工参数

在组织流水施工时，用以表达流水施工在工艺流程、空间布置和时间排列等方面开展状态的数据，称为流水参数。它主要包括工艺参数、空间参数和时间参数三类。

（一）时间参数

时间参数是指在组织流水施工时，用以表达流水施工在时间排列上所处状态的参数。包括：流水节拍、流水步距、平行搭接时间、技术间歇时间和组织间歇时间等五种。

1．流水节拍

流水节拍是指在组织流水施工时，每个专业工作队在各个施工段上完成相应的施工任务所需要的工作持续时间。通常以 t_i 表示，它是流水施工的基本参数之一。

流水节拍的大小，可以反映出流水施工速度的快慢、节奏感的强弱和资源消耗量的多少。影响流水节拍数值大小的因素主要有：项目施工时所采取的施工方案，各施工段投入的劳动力人数或施工机械台数，工作班次，以及该施工段工程量的多少。为避免工作队转移时浪费工时，流水节拍在数值上最好是半个班的整倍数。其数值的确定，可按以下各种方法进行：

（1）定额计算法

本算法是根据各施工段的工程量、能够投入的资源量（工人数、机械台数和材料量等），按公式（2-1）进行计算：

$$t_i^j = \frac{Q_i^j}{S_j R_j N_j} = \frac{P_i^j}{R_j N_j} \tag{2-1}$$

式中：t_i^j——专业工作队（j）在某施工段（i）上的流水节拍；

$\quad\quad Q_i^j$——专业工作队（j）在某施工段（i）上的工程量；

$\quad\quad S_j$——专业工作队（j）的计划产量定额；

$\quad\quad R_j$——专业工作队（j）的工人数或机械台数；

$\quad\quad N_j$——专业工作队（j）的工作班次；

$\quad\quad P_i^j$——专业工作队（j）在某施工段（i）上的劳动量。

（2）经验估算法

对于采用新结构、新工艺、新方法和新材料等没有定额可循的工程项目，可以根据以往的施工经验估算流水节拍。

（3）工期计算法

对某些施工任务在规定日期内必须完成的工程项目，往往采用倒排进度法。具体步骤如下：

①根据工期倒排进度，确定某施工过程的工作持续时间。

②确定某施工过程在某施工段上的流水节拍。若同一施工过程的流水节拍不等，则用估算法；若流水节拍相等，则按下式进行计算：

$$t = \frac{T}{m} \tag{2-2}$$

式中：t ——流水节拍；

　　　T ——某施工过程的工作持续时间；

　　　m ——某施工过程划分的施工段数。

2．流水步距

流水步距是指组织流水施工时，相邻两个施工过程（或专业工作队）相继开始施工的最小间隔时间。流水步距一般用 $K_{j,j+1}$ 来表示，其中 $j(j=1,2,\cdots,n-1)$ 为专业工作队或施工过程的编号。它是流水施工的主要参数之一。

流水步距的数目取决于参加流水的施工过程数。如果施工过程数为 n 个，则流水步距的总数为 $n-1$ 个。

流水步距的大小取决于相邻两个施工过程（或专业工作队）在各个施工段上的流水节拍及流水施工的组织方式。确定流水步距时，一般应满足以下基本要求：

①各施工过程按各自流水速度施工，始终保持工艺先后顺序。

②各施工过程的专业工作队投入施工后尽可能保持连续作业。

③相邻两个施工过程（或专业工作队）在满足连续施工的条件下，能最大限度地实现合理搭接。

根据以上基本要求，在不同的流水施工组织形式中，可以采用不同的方法确定流水步距。

3．平行搭接时间

在组织流水施工时，有时为了缩短工期，在工作面允许的条件下，如果前一个专业工作队完成部分施工任务后，能够提前为后一个专业工作队提供工作面，使后者提前进入前一个施工段，两者在同一施工段上平行搭接施工，这个搭接时间称为平行搭接时间或插入时间，通常以 $C_{j,j+1}$ 表示。

4．技术间歇时间

在组织流水施工时，除要考虑相邻专业工作队之间的流水步距外，有时根据工程材料或现浇构件等的工艺性质，还要考虑合理的工艺等待间歇时间，这个等待时间称为技术间歇时间。

5．组织间歇时间

组织间歇时间是指在流水施工中，由于施工技术或施工组织的原因，造成在流水步距以外增加的间歇时间。如墙体砌筑前的墙身位置弹线，施工人员、机械转移，回填土前的地下管道检查验收等等。组织间歇时间以 $G_{j,j+1}$ 表示。

（二）空间参数

空间参数是指在组织流水施工时，用以表达流水施工在空间布置上开展状态的

16

参数。通常包括工作面、施工段和施工层。

1．工作面

工作面是指供某专业工种的工人或某种施工机械进行施工的活动空间。工作面的大小，表明能安排施工人数或机械台数的多少。每个作业的工人或每台施工机械所需工作面的大小，取决于单位时间内其完成的工程量和安全施工的要求。工作面确定得合理与否，直接影响专业工作队的生产效率。因此，必须合理确定工作面。

2．施工段

将施工对象在平面或空间上划分成若干个劳动量大致相等的施工段落，称为施工段或流水段。施工段的数目一般用 m 表示，它是流水施工的主要参数之一。

（1）划分施工段的目的

划分施工段的目的就是为了组织流水施工。由于市政工程体形庞大，可以将其划分成若干个施工段，从而为组织流水施工提供足够的空间。在组织流水施工时，专业工作队完成一个施工段上的任务后，遵循施工组织顺序又到另一个施工段上作业，产生连续流动施工的效果。在一般情况下，一个施工段在同一时间内，只安排一个专业工作队施工，各专业工作队遵循施工工艺顺序依次投入作业，同一时间内在不同的施工段上平行施工，使流水施工均衡地进行。组织流水施工时，可以划分足够数量的施工段，充分利用工作面，避免窝工，尽可能缩短工期。

（2）划分施工段的原则。

①主要专业工种在各个施工段所消耗的劳动量要大致相等，其相差幅度不宜超过10%～15%。

②在保证专业工作队劳动组合优化的前提下，施工段大小要满足专业工种对工作面的要求。

③施工段数目要满足合理流水施工组织要求，即 $m \geqslant n$ 。

④施工段分界线应尽可能与结构自然界线相吻合，如温度缝、沉降缝或单元界线等处；如果必须将其设在墙体中间时，可将其设在门窗洞口处，以减少施工留槎。

⑤多层施工项目既要在平面上划分施工段，又要在竖向上划分施工层，以组织有节奏、均衡、连续的流水施工。

3．施工层

在组织流水施工时，为满足专业工种对操作高度要求，通常将施工项目在竖向上划分为若干个作业层，这些作业层均称为施工层。

（三）工艺参数

工艺参数主要是指在组织流水施工时，用以表达流水施工在施工工艺方面进展状态的参数，通常包括施工过程和流水强度两个参数。

1．施工过程

组织市政工程流水施工时，根据施工组织及计划安排需要而将计划任务划分成的子项称为施工过程。施工过程划分的粗细程度由实际需要而定，当编制控制性施工进度计划时，组织流水施工的施工过程可以划分得粗一些，施工过程可以是单位工程，也可以是分部工程。当编制实施性施工进度计划时，施工过程可以划分得细一些，施工过程可以是分项工程，甚至是将分项工程按照专业工种不同分解而成的施工工序。

施工过程的数目一般用 n 表示，它是流水施工的主要参数之一。根据其性质和特点不同，施工过程一般分为三类，即建造类施工过程、运输类施工过程和制备类施工过程。

①制备类施工过程。是指为了提高市政产品的装配化、工厂化、机械化和生产能力而形成的施工过程。如砂浆、混凝土、构配件、制品等的制备过程。

②运输类施工过程。是指将材料、构配件、（半）成品、制品和设备等运到仓库或现场操作使用地点而形成的施工过程。

这两类施工过程一般不占有施工对象的空间，不影响项目总工期，在进度表上不反映；只有当它们占有施工对象的空间并影响项目总工期时，才列入项目施工进度计划中。

③建造类施工过程。是指在施工对象的空间上，直接进行加工最终形成市政产品的过程。如地下工程、道路工程、桥梁工程和排水管渠工程等的施工过程。

它占有施工对象的空间，影响着工期的长短，必须列入项目施工进度表上，而且是项目施工进度表的主要内容。

2. 流水强度

流水强度是指流水施工的某施工过程（专业工作队）在单位时间内所完成的工程量，也称为流水能力或生产能力。例如，浇筑混凝土施工过程的流水强度是指每工作班浇筑的混凝土立方数。

流水强度可用下式计算：

$$V_j = R_j S_j \tag{2-3}$$

式中：V_j——某施工过程（j）流水强度；

　　　R_j——某施工过程的工人数或机械台数；

　　　S_j——某施工过程的计划产量定额。

五、流水施工的组织方式

流水施工的组织方式见图2-1所示。

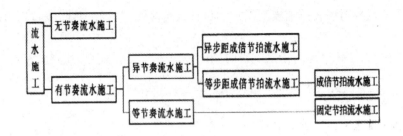

图2-1　流水施工分类图

（一）等节奏流水施工

等节奏专业流水施工是指在组织流水施工时，如果所有的施工过程在各个施工段上的流水节拍彼此相等，这种流水施工组织方式称为等节奏专业流水施工，也称为固定节拍流水施工或全等节拍流水施工或同步距流水施工。

1．施工特点

①所有施工过程在各个施工段上的流水节拍均相等。

②相邻施工过程的流水步距相等，且等于流水节拍。

③专业工作队数等于施工过程数，即每一个施工过程成立一个专业工作队，由该队完成相应施工过程所有施工段上的任务。

④各个专业工作队在各施工段上能够连续作业，施工段之间没有空闲时间。

2．施工组织步骤

①确定施工起点及流向，分解施工过程。

②确定施工顺序，划分施工段。

划分施工段时，其数目 m 的确定如下：

①无层间关系或无施工层时，取 $m = n$。

②有层间关系或有施工层时，施工段数目 m 分下面两种情况确定：

第一，无技术和组织间歇时，取 $m = n$。

第二，有技术和组织间歇时，为了保证各专业工作队能连续施工，应取 $m > n$。此时，每层施工段空闲数为 $m - n$，一个空闲施工段的时间为 t，则每层的空闲时间为：

$$(m-n) \cdot t = (m-n) \cdot K \qquad (2\text{-}4)$$

③确定流水节拍，此时 $t_i^j = t$。

④确定流水步距，此时 $K_{j,j+1} = K = t$。

⑤计算流水施工工期：

第一，有间歇时间的固定节拍流水施工。所谓间歇时间，是指相邻两个施工过

程之间由于工艺或组织安排需要而增加的额外等待时间,包括工艺间歇时间($G_{j,j+1}$)

和组织间歇时间($Z_{j,j+1}$)。对于有间歇时间的固定节拍流水施工,其流水施工工期T

可按公式(2-5)计算:

$$T = (n-1)t + \sum G + \sum Z + m \cdot t$$
$$= (m+n-1)t + \sum G + \sum Z \qquad (2-5)$$

式中,符号如前所述。

第二,有提前插入时间的固定节拍流水施工。所谓提前插入时间($C_{j,j+1}$),是指相邻两个专业工作队在同一施工段上共同作业的时间。在工作面允许和资源有保证的前提下,专业工作队提前插入施工,可以缩短流水施工工期。对于有提前插入时间的固定节拍流水施工,其流水施工工期T可按公式(2-6)计算:

$$T = (n-1)t + \sum G + \sum Z - \sum C + m \cdot t$$
$$= (m+n-1)t + \sum G + \sum Z - \sum C \qquad (2-6)$$

式中,符号如前所述。

⑥绘制流水施工指示图表。

(二)等步距异节奏流水施工

等步距异节奏流水施工是指在组织异节奏流水施工时,按每个施工过程流水节拍之间的比例关系,成立相应数量的专业工作队而进行的流水施工,也称为成倍节拍流水施工。

在组织流水施工时,如果同一施工过程在各个施工段上的流水节拍彼此相等,而不同施工过程在同一施工段上的流水节拍之间存在一个最大公约数,为加快流水施工速度,可按最大公约数的倍数确定每个施工过程的专业工作队,这样便构成了一个工期最短的成倍节拍流水施工方案。

1. 施工特点

①同一施工过程在其各个施工段上的流水节拍均相等;不同施工过程的流水节拍不等,但其值为倍数关系。

②相邻施工过程的流水步距相等,且等于流水节拍的最大公约数(K)。

③专业工作队数大于施工过程数,即有的施工过程只成立一个专业工作队,而对于流水节拍大的施工过程,可按其倍数增加相应专业工作队数目。

④各个专业工作队在施工段上能够连续作业,施工段之间没有空闲时间。

2．施工组织步骤

①确定施工起点流向，划分施工段。

②分解施工过程，确定施工顺序。

③按以上要求确定每个施工过程的流水节拍。

④按公式（2-7）确定流水步距：

$$K_b = 最大公约数 \{各过程流水节拍\} \qquad （2-7）$$

式中：K_b——成倍节拍流水的流水步距。

⑤按公式（2-8）确定专业工作队数目：

$$\left. \begin{aligned} b_j &= t_i^j / K_b \\ n_1 &= \sum_n^{j=1} b_j \end{aligned} \right\} \qquad （2-8）$$

式中：b_j——施工过程的专业工作队数目，$n \geqslant j \geqslant 1$；

$\quad\quad n_1$——成倍节拍流水的专业工作队总和。

其他符号同前。

⑥按公式（2-9）确定计算总工期：

$$T = (m + n_1 - 1)K_b + \sum Z_{j,j+1} + \sum G_{j,j+1} - \sum C_{j,j+1} \qquad （2-9）$$

式中，符号同前。

⑦绘制流水施工指示图表。

（三）无节奏流水施工

在组织流水施工时，经常由于工程结构形式、施工条件不同等原因，使得各施工过程在各施工段上的工程量有较大差异，或因专业工作队的生产效率相差较大，导致各施工过程的流水节拍随施工段的不同而不同，且不同施工过程之间的流水节拍又有很大差异。这时，流水节拍虽无任何规律，但仍可利用流水施工原理组织流水施工，使各专业工作队在满足连续施工的条件下，实现最大搭接。这种无节奏流水施工方式是建设工程流水施工的普遍方式。

1．施工特点

①每个施工过程在各个施工段上的流水节拍，不尽相等。

②在多数情况下，流水步距彼此不相等，而且流水步距与流水节拍二者之间存在着某种函数关系。

③各专业工作队都能连续施工，个别施工段可能有空闲。

2．施工组织步骤

①确定施工起点流向，划分施工段。

②分解施工过程，确定施工顺序。

③确定流水节拍。

④按公式（2-10）确定流水步距：

$$K_{j,j+1} = \max\left\{k_i^{j,j+1} = \sum_i^{i=1}\Delta t_i^{j,j+1} + t_i^{j+1}\right\} \qquad (2\text{-}10)$$

$$(1 \leqslant j \leqslant n_1 - 1; 1 \leqslant i \leqslant m)$$

式中：$K_{j,j+1}$——专业工作队（j）与（$j+1$）之间的流水步距；

max——取最大值；

$k_i^{j,j+1}$——（j）与（$j+1$）在各个施工段上的"假定段步距"；

$\sum_i^{i=1}$——由施工段（1）至（i）依次累加，逢段求和；

$\Delta t_i^{j,j+1}$——（j）与（$j+1$）在各个施工段上的"段时差"，即

$$\Delta t_i^{j,j+1} = t_i^j - t_i^{j+1};$$

t_i^j——专业工作队（$j+1$）在施工段（i）流水节拍；

t_i^{j+1}——专业工作队（$j+1$）在施工段（i）流水节拍；

i——施工段编号，$1 \leqslant i \leqslant m$；

j——专业工作队编号，$1 \leqslant j \leqslant n_1 - 1$；

n_1——专业工作队数目，此时 $n_1 = n$。

在无节奏流水施工中，通常也采用累加数列错位相减取大差法计算流水步距。由于这种方法是由潘特考夫斯基（音译）首先提出的，故又称为潘特考夫斯基法。这种方法简捷、准确，便于掌握。

累加数列错位相减取大差法的基本步骤如下：

①对每一个施工过程在各施工段上的流水节拍依次累加，求得各施工过程流水节拍的累加数列。

②将相邻施工过程流水节拍累加数列中的后者错后一位，相减后求得一个差数列。

③在差数列中取最大值，即为这两个相邻施工过程的流水步距。

④按公式（2-11）确定计算总工期；

$$T = \sum_{j=1}^{n_1} K_{j,j+1} + \sum_{i}^{m} t_i^{n_1} + \sum Z_{j,j+1} + \sum G_{j,j+1} - \sum C_{j,j+1} \qquad (2\text{-}11)$$

式中：T——流水施工方案的计算总工期；

$t_i^{n_1}$——最后一个专业工作队（n_1）在各个施工段上的流水节拍。

其他符号同前。

⑤绘制流水施工指示图表。

第二节　网络计划技术

一、网络计划的概念与分类

（一）网络计划的基本概念

1．工艺关系和组织关系

（1）工艺关系

生产性工作之间由工艺过程决定的、非生产性工作之间由工作程序决定的先后顺序关系称为工艺关系。如图2-2所示，支模Ⅰ→钢筋Ⅰ→浇筑Ⅰ为工艺关系。

（2）组织关系

工作之间由于组织安排需要或资源（劳动力、原材料、施工机具等）调配需要而规定的先后顺序关系称为组织关系。如图2-2所示，支模Ⅰ→支模口；钢筋Ⅰ→钢筋Ⅱ等为组织关系。

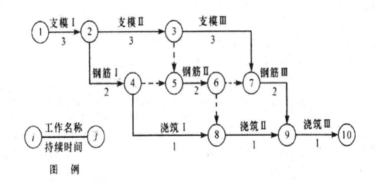

图2-2　某现浇工程网络图

2．紧前工作、紧后工作和平行工作

（1）紧前工作

在网络图中，相对于某项工作而言，紧排在该工作之前的工作称为该工作的紧前工作。在双代号网络图中，工作与其紧前工作之间可能有虚工作存在。如图2-2所示，支模Ⅰ是支模Ⅱ在组织关系上的紧前工作；钢筋Ⅰ和钢筋Ⅱ之间虽然存在虚工作，但钢筋Ⅰ仍然是钢筋Ⅱ在组织关系上的紧前工作。支模Ⅰ则是钢筋Ⅰ在工艺关系上的紧前工作。

（2）紧后工作

在网络图中，相对于某工作而言，紧排在该工作之后的工作称为该工作的紧后工作。在双代号网络图中，工作与其紧后工作之间也可能有虚工作存在。如图2-2所示，钢筋Ⅱ是钢筋Ⅰ在组织关系上的紧后工作；浇筑Ⅰ是钢筋Ⅰ在工艺关系上的紧后工作。

（3）平行工作

在网络图中，相对于某项工作而言，可以与该工作同时进行的工作即为该工作的平行工作。如图2-2所示，钢筋Ⅰ和支模Ⅱ互为平行工作。

3．先行工作和后续工作

（1）先行工作

相对于某项工作而言，从网络图的第一个节点（起点节点）开始，顺箭头方向经过一系列箭线与节点到达该工作为止的各条通路上的所有工作，都称为该工作的先行工作。如图2-2所示，支模Ⅰ、钢筋Ⅰ、浇筑Ⅰ、支模Ⅱ、钢筋Ⅱ均为浇筑Ⅱ的先行工作。

（2）后续工作

相对于某项工作而言，从该工作之后开始，顺箭头方向经过一系列箭线与节点到网络图最后一个节点（终点节点）的各条通路上的所有工作，都称为该工作的后续工作。如图2-2所示，钢筋Ⅰ的后续工作有浇筑Ⅰ、钢筋Ⅱ和浇筑Ⅱ。

（二）网络计划的分类工程网络计划的分类

见表2-2所示。

表2-2　工程网络计划的分类

项次	分类标准	分类名称	说明
1	按代号的不同区分	双代号网络计划	即用双代号网络图表示的网络计划。双代号网络图是以箭线及其两端节点的编号表示工作的网络图
		单代号网络计划	单代号网络计划是以单代号网络图表示的网络计划。单代号网络图是以节点及其编号表示工作、以箭线表示工作之间逻辑关系的网络图
2	按性质分类	肯定型网络计划	这是指工作、工作与工作之间的逻辑关系以及工作持续时间都肯定的网络计划。在这种网络计划中，各项工作的持续时间都是确定的单一的数值，整个网络计划有确定的计划总工期
		非肯定性网络计划	这是指工作、工作与工作之间的逻辑关系和工作持续时间中一项或多项不肯定的网络计划。在这种网络计划中，各项工作的持续时间只能按概率方法确定出三个值，整个网络计划无确定计划总工期。计划评审技术和图示评审技术就属于非肯定性网络计划

项次	分类标准	分类名称	说明
3	按目标分类	单目标网络计划	这是指只有一个终点节点的网络计划，即网络图只具有一个最终目标。如一个建筑物的施工进度计划只具有一个工期目标的网络计划
		多目标网络计划	它是指终点节点不止一个的网络计划。此种网络计划具有若干个独立的最终目标
4	按有无时间坐标分类	时标网络计划	它是指以时间坐标为尺度绘制的网络计划。在网络图中，每项工作箭线的水平投影长度，与其持续时间成正比。如编制资源优化的网络计划即为时标网络计划
		非时标网络计划	它是指不按时间坐标绘制的网络计划。在网络图中，工作箭线长度与持续时间无关，可按需要绘制。通常绘制的网络计划都是非时标网络计划
5	按层次分类	分级网络计划	它是根据不同管理层次的需要而编制的范围大小不同，详细程度不同的网络计划
		总网络计划	这是以整个计划任务为对象编制的网络计划，如群体网络计划或单项工程网络计划
		局部网络计划	以计划任务的某一部分为对象编制的网络计划称为局部网络计划，如分部工程网络图
6	按工作衔接特点分类	普通网络计划	工作间关系均按首尾衔接关系绘制的网络计划称为普通网络计划，如单代号、双代号和概率网络计划
		搭接网络计划	按照各种规定的搭接时距绘制的网络计划称为搭接网络计划，网络图中既能反映各种搭接关系，又能反映相互衔接关系，如前导网络计划
		流水网络计划	充分反映流水施工特点的网络计划称为流水网络计划，包括横道流水网络计划，搭接流水网络计划和双代号流水网络计划

二、双代号网络计划

双代号网络图是目前应用较为普通的一种网络计划形式，它用圆圈箭线表达计划内所要完成的各项工作的先后顺序和相互关系。其中箭线表示一个施工过程，施工过程名称写在箭线上面，施工持续时间写在箭线下面，箭尾表示施工过程开始，箭头表示施工过程结束。矢箭两端的圆圈称为节点，在节点内进行编号，用箭尾节点号码 i 和箭头节点号码 j 作为这个施工过程的代号，由于各施工过程均用两个代号表示，所以叫做双代号法，用此办法绘制的网络图叫双代号网络图。

（一）双代号网络图组成

双代号网络图是由工作、节点和线路三个基本要素组成的。

1. 工作

工作是指能够独立存在的实施性活动。如工序、施工过程或施工项目等实施性活动。

工作可分为需要消耗时间和资源的工作、只消耗时间而不消耗资源的工作和不消耗时间及资源的工作三种。

2. 节点

在网络图中箭线的出发和交汇处通常画上圆圈，用以标志该圆圈前面一项或若干项工作的结束和允许后面一项或若干项工作的开始的时间点称为节点（也称为结点、事件）。

（1）在网络图中，节点不同于工作，它只标志着工作的结束和开始的瞬间，具有承上启下的衔接作用，而不需要消耗时间或资源。

（2）节点分起点节点、终点节点、中间节点。网络图的第一个节点为起节点，表示一项计划的开始；网络图的最后一个节点称为终节点，它表示一项计划的结束；其余节点都称为中间节点，任何一个中间节点既是其紧前各施工过程的结束节点，又是其紧后各施工过程的开始节点。

（3）网络图中的每一个节点都要编号。编号的顺序是：每一个箭线的箭尾节点代号 i 必须小于箭头节点 j，且所有节点代号不能重复出现。

3. 线路

网络图中从起点节点开始，沿箭线方向连续通过一系列箭线与节点，最后到达终点节点所经过的通路，称为线路。每一条线路都有自己确定的完成时间，它等于该线路上各项工作持续时间的总和，称为线路时间。

根据每条线路的线路时间长短，可将网络图的线路区分为关键线路和非关键线路两种。关键线路是指网络图中线路时间最长的线路，其线路时间代表整个网络图的计算总工期。关键线路至少有一条，并以粗箭线或双箭线表示。关键线路上的工作，都是关键工作，关键工作都没有时间储备。

在网络图中关键线路有时不止一条，可能同时存在几条关键线路，即这几条线路上的持续时间相同且是线路持续时间的最大值。但从管理的角度出发，为了实行重点管理，一般不希望出现太多的关键线路。

关键线路并不是一成不变的。在一定的条件下，关键线路和非关键线路可以相互转化。例如当采用了一定的技术组织措施，缩短了关键线路上各工作的持续时间就有可能使关键线路发生转移，使原来的关键线路变成非关键线路，而原来的非关键线路却变成关键线路。

位于非关键线路的工作除关键工作外，其余称为非关键工作，它具有机动时间（既时差），非关键工作也不是一成不变的，它可以转化为关键工作；利用非关键工作的机动时间可以科学地、合理地调配资源和对网络计划进行优化。

（二）双代号网络图绘制

1．网络图必须按照已定的逻辑关系绘制

由于网络图是有向、有序网状图形，所以其必须严格按照工作之间的逻辑关系绘制，这同时也是为保证工程质量和资源优化配置及合理使用所必需的。例如，已知工作之间的逻辑关系如表2-3所示，若绘出网络图2-3（a）则是错误的，因为工作A不是工作D的紧前工作。此时，可用虚箭线将工作A和工作D的联系断开，如图2-3（b）所示。

表2-3　逻辑关系表

工作	A	B	C	D
紧前工作	—	—	A、B	B

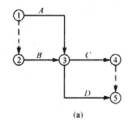 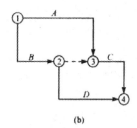

图2-3　网络图

（a）错误画法；（b）正确画法

2．在网络图中不允许出现循环回路

在网络图中，从一个节点出发沿着某一条线路移动，又回到原出发节点，即在网络图中出现了闭合的循环路线，称为循环回路。如图2-4（a）中的2—3—5—2，就是循环回路。它表示的网络图在逻辑关系上是错误的，在工艺关系上是矛盾的。

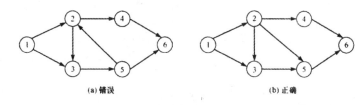

图2-4　循环回路示意图

3．网络图中严禁出现双向箭头和无箭头的连线

图2-5所示即为错误的工作箭线画法，因为工作进行的方向不明确，因而不能达

到网络图有向的要求。

图2-5 错误的工作箭线画法

（a）双向箭头；（b）无箭头

（三）双代号网络图时间参数计算

分析和计算网络计划的时间参数，是网络计划方法的一项重要技术内容。通过计算网络计划的时间参数，可以确定完成整个计划所需要的时间——计划的推算工期；明确计划中各项工作的起止时间限制，分析计划中各项工作对整个计划工期的不同影响，从工期的角度区分出关键工作与非关键工作；计算出非关键工作的作业时间有多少机动性（作业时间的可伸缩度）。所以计算网络计划的时间参数，是确定计划工期的依据，是确定网络计划机动时间和关键线路的基础，是计划调整与优化的依据。

1. 分析计算法

分析计算法是根据各项时间参数计算公式，列式计算时间参数的方法。

（1）节点时间参数的计算

第一，节点最早时间（ET）的计算。节点最早时间指从该节点开始的各工序可能的最早开始时间（再早，则由于紧前某些工序未完成而无法为紧后工序提供作业面或作业队，因而使紧后工序无法开始施工），等于以该节点为结束点的各工序可能最早完成的时间的最大值。节点最早时间可以统一表明以该节点为开始节点的所有工序最早的可能开工时间。

节点i的最早时间ET_i应从网络计划的起点节点开始，顺着箭线方向，依次逐项计算，并应符合下列规定：

①起点节点i如未规定最早时间ET_i时，其值应等于零，即：

$$ET_i = 0 \quad (i=1) \qquad (2\text{-}12)$$

②当节点j只有一条内向箭线时，其最早时间为

$$ET_j = ET_i + D_{i-j} \qquad (2\text{-}13)$$

③当节点j有多条内向箭线时，其最早时间ET_i应为

$$ET_j = \max\left\{ET_i + D_{i-j}\right\} \qquad (2\text{-}14)$$

式中：ET_j——工作$i-j$的完成节点j的最早时间；

ET_i——工作 $i-j$ 的开始节点 i 的最早时间；

D_{i-j}——工作 $i-j$ 的持续时间。

第二，节点最迟时间（LT）的计算。节点最迟时间是指以某一节点为结束点的所有工序必须全部完成的最迟时间，也就是在不影响计划总工期的条件下，该节点必须完成的时间，由于它可以统一表示到该节点结束的任一工序必须完成的最迟时间，但却不能统一表明从该节点开始的各不同工序最迟必须开始的时间，所以也可以把它看作节点的各紧前工序最迟必须完成时间。

①节点 i 的最迟时间 LT_i 应从网络计划的终点节点开始，逆着箭线方向依次逐项计算，当部分工作分期完成时，有关节点的最迟时间必须从分期完成节点开始逆向逐项计算。

②终点节点 n 的最迟时间 LT_n 应按网络计划的计划工期 T_p 确定，即：

$$LT_n = T_p \qquad (2\text{-}15)$$

分期完成节点的最迟时间应等于该节点规定的分期完成时间。

③其他节点 i 的最迟时间 LT_i 应为：

$$LT_i = \min\left\{LT_j - D_{i-j}\right\} \qquad (2\text{-}16)$$

式中：　LT_i——工作 $i-j$ 开始节点 i 的最迟时间；

LT_j——工作 $i-j$ 完成节点 j 的最迟时间；

D_{i-j}——工作 $i-j$ 的持续时间，下同。

（2）工序时间参数的计算

工序时间是指各工序的开始时间和完成时间，共有四种，即最早可能开始时间，最早可能完成时间，最迟必须开始时间，最迟必须完成时间。

工序时间是以工序为对象计算的。计算工序时间必须包括网络图中的所有工序，对虚工序最好也进行计算，否则容易产生错误，给以后分析时差带来不便。

第一，工序最早开始时间（ES）的计算。工序的最早开始时间指各紧前工序（紧排在本工序之前的工作）全部完成后，本工序有可能开始的最早时刻。工序 $i-j$ 的最早开始时间 ES_{i-j} 的计算应符合下列规定：

①工序 $i-j$ 的最早开始时间 ES_{i-j} 应从网络计划的起点节点开始，顺着箭线方向依次逐项计算。

②以起点节点 i 为箭尾节点的工序，$i-j$，当未规定其最早开始时间 ES_{i-j} 时，其值应等于零，即：

$$ES_{i-j} = 0(i = 1) \tag{2-17}$$

③当工序 $i-j$ 只有一项紧前工序 $h-i$ 时，其最早开始时间 ES_{i-j} 应为：

$$ES_{i-j} = ES_{h-i} + D_{h-i} \tag{2-18}$$

④当工序 $i-j$ 有多个紧前工作时，其最早开始时间 ES_{i-j} 应为

$$ES_{i-j} = \max\left\{ES_{h-i} + D_{h-i}\right\} \tag{2-19}$$

式中：ES_{i-j}——工序 $i-j$ 的最早开始时间；

ES_{h-i}——工序 $i-j$ 的紧前工序 $h-i$ 的最早开始时间；

D_{h-i}——工序 $i-j$ 的紧前工序 $h-i$ 的持续时间。

第二，工序最早完成时间（EF）的计算。工序最早完成时间指各紧前工序完成后，本工序有可能完成的最早时刻。工序 $i-j$ 的最早完成时间 EF_{i-j} 应按下式进行计算：

$$EF_{i-j} = ES_{i-j} + D_{i-j} \tag{2-20}$$

第三，工序最迟完成时间（LF）的计算。工序最迟完成时间指在不影响整个任务按期完成的前提下，工序必须完成的最迟时刻。

①工序 $i-j$ 的最迟完成时间 LF_{i-j} 应从网络计划的终点节点开始，逆着箭线方向依次逐项计算。

②以终点节点（$j = n$）为箭头节点的工序的最迟完成时间 LF_{i-n}，应按网络计划的计划工期 T_p 确定，即：

$$LF_{i-n} = T_p \tag{2-21}$$

③其他工序 $i-j$ 的最迟完成时间 LF_{i-j}；应按下式计算：

$$LF_{i-j} = \min\left\{LF_{j-k} - D_{j-k}\right\} \tag{2-22}$$

式中：LF_{i-k}——工序 $i-j$ 的各项紧后工序 $j-k$ 的最迟完成时间；

D_{j-k}——工序 $i-j$ 的各项紧后工序（紧排在本工序之后的工序）的持续时间。

第四，工序最迟开始时间（LS）的计算。工序的最迟开始时间指在不影响整个任务按期完成的前提下，工序必须开始的最迟时刻。

工序 $i-j$ 的最迟开始时间 LS_{i-j} 应按下式计算：

$$LS_{i-j} = LF_{i-j} - D_{i-j} \qquad (2\text{-}23)$$

（3）时差计算

时差就是一个工序在施工过程中可以灵活机动使用而又不致影响总工期的一段时间。在双代号网络图中，节点是前后工序的交接点，它本身是不占用任何时间的，所以也就无时差可言。讲时差就是指工序的时差，只有工序才有时差。任何一个工序都只能在下述两个条件所限制的时间范围内活动：

①工序有了应有的工作面和人力、设备，因而有了可能开始工作的条件。

②工序的最后完工不致影响其紧后工序按时完工，从而得以保证整个工作按期完成。

（4）关键线路和关键工作确定

在网络计划中，总时差最小的工作为关键工作。特别地，当网络计划的计划工期等于计算工期时，总时差为零的工作就是关键工作。

找出关键工作之后，将这些关键工作首尾相连，便构成从起点节点到终点节点的通路，位于该通路上各项工作的持续时间总和最大，这条通路就是关键线路。在关键线路上可能有虚工作存在。

关键线路一般用粗箭线或双线箭线标出，也可以用彩色箭线标出。关键线路上各项工作的持续时间总和应等于网络计划的计算工期，这一特点也是判别关键线路是否正确的准则。

2．图上计算法

图算法是按照各项时间参数计算公式的程序，直接在网络图上计算时间参数的方法。由于计算过程在图上直接进行，不需列计算公式，既快又不易出错，计算结果直接标注在网络图上，一目了然，同时也便于检查和修改，故此比较常用。

（1）计算节点最早时间（ ET ）

与分析计算法一样，从起点节点顺箭头方向逐节点计算，起点节点的最早时间规定为0，其他节点的最早时间可采用"沿线累加、逢圈取大"的计算方法。也就是从网络的起点节点开始，沿着每条线路将各工序的作业时间累加起来，在每一个圆圈（即节点）处选取到达该圆圈的各条线路累计时间的最大值，这个最大值就是该节点最早的开始时间。终点节点的最早时间是网络图的计划工期，为醒目起见，将计划工期标在终点节点边的方框中。

（2）计算节点最迟时间（ LT ）

与分析计算法一样，从终点节点逆箭头方向逐节点计算，终点节点最迟时间的规定等于网络图的计划工期，其他节点的最迟时间可采用"逆线累减、逢圈取小"的计算方法。也就是从网络图的终点节点开始逆着每条线路将计划总工期依次减去各工序的作业时间，在每一圆圈处取其后续线路累减时间的最小值，就是该节点的最迟时间。

3．表上计算法

表算法是采用各项时间参数计算表格，按照时间参数相应计算公式和程序，直接在表格上进行时间参数计算的方法。表算法的规律性很强，其计算过程很容易用算法语言进行描述，是由手算法向电算法过渡的一种方法。当手头没有现成的计算软件时，比较容易自己编制电算程序，进行电算。

现以图3-6的网络计划为例，说明表上计算法的步骤（表2-4）

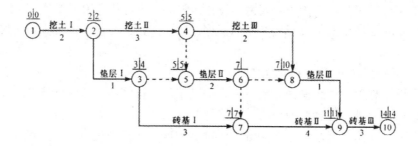

图2-6　网络图节点时间参数的计算

表2-4　表上计算法

节点号码	ET_i	LT_i	工序代码	D_{i-j}	ES_{i-j}	EF_{i-j}	LS_{i-j}	LF_{i-j}	TF_{i-j}	FF_{i-j}
1	0	0	1—2	2	0	2	0	2	0	0
2	2	2	2—3	1	2	3	3	4	1	0
			2—4	3	2	5	2	5	0	0
3	3	4	3—5	0	3	3	5	5	2	2
			3—7	3	3	6	4	7	1	1
4	5	5	4—5	0	5	5	5	5	0	0
			4—8	2	5	7	8	10	3	0
5	5	5	4—6	2	5	7	5	7	0	0
6	7	7	6—7	0	7	7	7	7	0	0
			6—8	0	7	7	10	10	3	0
7	7	7	7—9	4	7	11	7	11	0	0
8	7	10	8—9	1	7	8	10	11	3	3
9	11	11	9—10	3	11	14	11	14	0	0
10	14	14								

第一，将网络图各项填入表中的相应栏目：

将节点号填入第一栏，工序填入第四栏，工序的持续时间填入第五栏。

第二，自上而下计算各节点的最早时间 ET_i，填入第二栏内。

①设起节点的最早时间为 D。

②其后各节点的最早时间的计算方法是：找出以此节点为尾节点的所有工序，计算这些工序的开始节点与本工序持续时间之和，取其中最大者为该节点的最早时间。

第三，自下而上计算各节点的最迟时间 LT_i，填入第三栏内。

①设终点节点的最迟时间等于其最早时间，即 $LT_n = ET_n$。

②前面各节点的最迟时间的计算方法是：找出以该节点为开始节点的所有工序，计算这些工序的尾节点的最迟时间与本工序持续时间之差，取其中最小者为该节点的最迟时间。

第四，计算各工作的最早可能开始时间 ES_{i-j} 及最早可能完成时间 EF_{i-j}，分别填入第六、七栏内。

①工作 $i-j$ 的最早可能开始时间等于其开始节点的最早时间，可从第二栏相应节点中查出。

②工作 $i-j$ 的最早可能完成时间等于其最早可能开始时间加上工作的持续时间，可以从第六栏的工作最早可能开始时间加上该行第五栏的工作持续时间求得。

第五，计算各工作的最迟必须完成时间 LF_{i-j} 和最迟必须开始时间｜LS_{i-j}，分别填入第八、九栏。

①工作的最迟必须完成时间等于其结束节点的最迟时间，可从第三栏相应节点中找出。

②工作的最迟必须开始时间等于其最迟必须完成时间减去工作持续时间，可将第九栏的工作最迟必须完成时间减去第五栏的工作持续时间求得。

第六，计算工作的总时差 TF_{i-j} 填入第十栏。

工作的总时差等于其最迟必须开始时间减去最早可能开始时间，可将第八栏的 LS_{i-j} 减去对应第六栏的 ES_{i-j} 而得。

第七，计算各工作的自由时差 FF_{i-j} 填入第十一栏。

工作的自由时差等于其紧后工作的最早可能开始时间 ES_{j-k} 减去本工作的最早可能完成时间 EF_{i-j}。

三、单代号网络计划

单代号网络计划是在工作流程图的基础上演绎而成的网络计划形式。由于它具有绘图简便、逻辑关系明确、易于修改等优点,因此,在国内外日益受到普遍重视。其应用范围和表达功能也在不断发展和壮大。单代号网络图与双代号网络图一样,均由节点和箭线两种基本符号组成。所不同的是,单代号网络图用节点表示工序,用箭线表达工序之间的逻辑关系。在单代号网络图中,每一个节点表示一道工序,且有唯一的一个编号,因此可用一个节点编号表示唯一的一道工序。图2-7所示为单代号的网络图的一般表示方法。

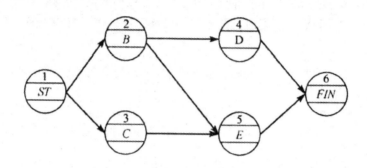

图2-7 单代号网络图

ST——开始节点;FIN——完成节点

(一)单代号网络图的组成

普通单代号网络图是由工作和线路两个基本要素组成。

1. 工作

在单代号网络图中,工作由结点及其关联箭线组成。通常将结点画成一个大圆圈或方框形式,其内标注工作编号、名称和持续时间。关联箭线表示该工作开始前和结束后的环境关系,如图2-8所示。

2. 线路

线路是由起点节点出发,顺着箭线方向到达终点节点的,中间经由一系列节点和箭线所组成的通道,这些通道均称为线路。在单代号网络图中,线路也分为关键线路和非关键线路两种,它们的性质与双代号网络图相应线路性质一致。

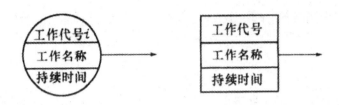

图2-8 单代号网络图中工作的表示方法

（二）单代号网络图绘制

第一，正确的表达工作之间相互制约和相互依赖的关系，在单代号网络图中，工作之间逻辑关系的表示方法比较简单。如表2-5是用单代号表示的几种常见的逻辑关系。

表2-5 单代号网络图逻辑关系表示方法

序号	工作间的逻辑关系	单代号网络图的表示方法
1	A、B、C三项工作依次完成	A → B → C
2	A、B完成后进行D	A、B → D
3	A完成后，B、C同时开始	A → B、C
4	A完成后进行C A、B完成后进行D	A → B，A、B → D

第二，网络图中不允许出现循环回路。

第三，网络图中不允许出现有重复编号的工作，一个编号只能代表一项工作。

第四，网络图中不允许出现双箭线或无箭头的线段。

第五，在单目标网络图中只允许有一个终点节点和一个起点节点。

当网络图中有多项开始工作和多项结束工作时，应在网络图的两端分别设置一项虚工作，作为网络图的起点节点和终点节点，如图2-9所示。其他再无任何虚工作。

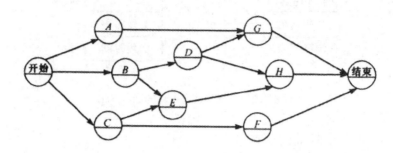

图2-9 带虚拟起点节点和终点节点的网络图

（三）单代号网络图时间参数计算

因为单代号网络图的节点代表工作，所以单代号网络计划没有节点时间参数而只有工作时间参数和工作时差，即工作 i 的最早开始时间（ES_i）、最早完成时间（EF_i）、最迟开始时间（LS_i）、最迟完成时间（LF_i）、总时差（TF_i）和自由时差（FF_i）。单代号网络计划的时间参数计算的方法和顺序与双代号网络计划的工作时间参数计算相同，同样，单代号网络计划时间参数计算的基础也是必须首先确定工作的作业持续时间。

1. 工作最早可能开始和结束时间计算

①工作 i 的最早开始时间 ES_i 应从网络计划的起点节点开始，顺着箭线方向依次逐项计算。

②起点节点 i 的最早开始时间 ES_i 如无规定时，其值应等于零，即

$$ES_i = 0(i = 1) \tag{2-24}$$

③各项工作最早开始和结束时间的计算公式为

$$\left.\begin{array}{l} ES_j = \max\left\{ES_i + D_i\right\} = \max\left\{EF_i\right\} \\ EF_j = ES_j + D_j \end{array}\right\} \tag{2-25}$$

式中：ES_j——工作（j）最早可能开始时间；

EF_j——工作（j）最早可能结束时间；

D_j——工作（j）的持续时间；

ES_j——前导工作（i）最早可能开始时间；

EF_i——前导工作（i）最早可能结束时间；

D_i——前导工作（i）的持续时间。

2．相邻两项工作之间时间间隔的计算

相邻两项工作之间存在着时间间隔，i 工作与 j 工作的时间间隔记为 $LAG_{i,j}$。时间间隔指相邻两项工作之间，后项工作的最早开始时间与前项工作的最早完成时间之差，其计算公式为：

$$LAG_{i,j} = ES_j - EF_i \tag{2-26}$$

式中：$LAG_{i,j}$——工作 i 与其紧后工作 j 之间的时间间隔；

　　　ES_j——工作 i 的紧后工作 j 的最早开始时间；

　　　EF_i——工作 i 的最早完成时间。

3．工作总时差的计算

工作总时差的计算应从网络计划的终点节点开始，逆着箭线方向按节点编号从大到小的顺序依次进行。

①网络计划终点节点 n 所代表的工作的总时差（TF_n）应等于计划工期 T_p 与计算工期 T_c 之差，即：

$$TF_n = T_p - T_c \tag{2-27}$$

当计划工期等于计算工期时，该工作的总时差为零。

②其他工作的总时差应等于本工作与其各紧后工作之间的时间间隔加该紧后工作的总时差所得之和的最小值，即：

$$TF_i = \min\{LAG_{i,j} + TF_j\} \tag{2-28}$$

式中：TF_i——工作 i 的总时差；

　　　$LAG_{i,j}$——工作 i 与其紧后工作 j 之间的时间间隔；

　　　TF_j——工作 i 的紧后工作 j 的总时差。

4．自由时差的计算

工作 i 的自由时差 FF_i 的计算应符合下列规定：

①终点节点所代表的工作 n 的自由时差 FF_n 应为：

$$FF_n = T_p - EF_n \tag{2-29}$$

式中：FF_n——终点节点 n 所代表的工作的自由时差；

　　　T_p——网络计划的计划工期；

EF_n——终点节点 n 所代表的工作的最早完成时间（即计算工期）。

②其他工作 i 的自由时差 FF_i 应为

$$FF_i = \min\{LAG_{i,j}\} \qquad （2-30）$$

5. 工作最迟完成时间和最迟开始时间的计算

①工作 i 的最迟完成时间 LF_i 应从网络计划的终点节点开始，逆着箭线方向依次逐项计算。当部分工作分期完成时，有关工作的最迟完成时间应从分期完成的节点开始，逆向逐项计算。

②终点节点所代表的工作 n 的最迟完成时间 LF_n，应按网络计划的计划工期 T_p 确定，即：

$$LF_n = T_p \qquad （2-31）$$

③其他工作 i 的最迟完成时间 LF_i 应为

$$LF_i = \min\{LS_j\} \qquad （2-32）$$

或

$$LF_i = EF_i + TF_i \qquad （2-33）$$

式中： LF_i——工作 j 的紧前工作 i 的最迟完成时间；

LS_j——工作 i 的紧后工作 j 的最迟开始时间；

EF_i——工作 i 的最早完成时间；

TF_i——工作 i 的总时差。

6. 工作 i 的最迟开始时间的计算公式

$$LS_i = LF_i - D_i \qquad （2-34）$$

式中： LS_i——工作 i 的最迟开始时间；

LF_i——工作 i 的最迟完成时间，

D_i——工作 i 的作业持续时间。

第三节　施工组织设计

施工组织设计是指导一个拟建工程进行施工准备和组织实施施工的基本的技术

经济文件。它的任务是要对具体的拟建工程（建筑群或单个建筑物）的施工准备工作和整个的施工过程，在人力和物力、时间和空间、技术和组织上，做出一个全面而合理、符合好、快、省、安全要求的计划安排。

一、施工组织设计的分类

施工组织设计是一个总的概念，根据建设项目的类别、工程规模、编制阶段、编制对象和范围的不同，在编制的深度和广度上也有所不同。

施工组织设计按编制对象范围的不同可分为施工组织总设计、单位工程施工组织设计、分部分项工程施工组织设计3种。

（一）施工组织总设计

施工组织总设计是以一个建设项目或建筑群为编制对象，规划其施工全过程的全局性、控制性施工组织文件，是编制单位施工组织设计的依据。它一般由承包单位的总工程师主持，会同建设、设计和分包单位的工程师共同编制。

施工组织总设计的主要内容包括：工程概况、施工部署与施工方案、施工总进度计划、施工准备工作及各项资源需要量计划、施工总平面图、主要技术组织措施及主要技术经济指标等。

（二）单位工程施工组织设计

单位工程施工组织设计是以一个单位工程（一个建筑物或构筑物，一个交工系统）为编制对象，用以指导其施工全过程的各项施工活动的综合性技术经济文件。单位工程施工组织设计一般在施工图设计完成后，在拟建工程开工之前，由工程处的技术负责人主持下进行编制。

单位工程施工组织设计的主要内容包括：工程概况、施工方案与施工方法、施工进度计划、施工准备工作及各项资源需要量计划、施工平面图、主要技术组织措施及主要技术经济指标。

（三）分部分项工程施工组织设计

分部分项工程施工组织设计也叫分部分项工程作业设计。它是以分部（分项）工程为编制对象，由单位工程的技术人员负责编制，用以具体实施其分部（分项）工程施工全过程的各项施工活动的技术、经济和组织的综合性文件。一般对于工程规模大，技术复杂或施工难度大的市政建筑，在编制单位工程施工组织设计之后，常需对某些重要的又缺乏经验的分部（分项）工程再深入编制施工组织设计。例如道路工程、大型桥梁工程、地下防水工程等。

分部分项工程施工设计的主要内容包括：工程概况、施工方案、施工进度表、施工平面图以及技术组织措施等。

施工组织总设计、单位工程施工组织设计和分部分项工程施工组织设计之间有以下关系：施工组织总设计是对整个建设项目的全局性战略部署，其内容和范围比较概括；单位工程施工组织设计是在施工组织总设计的控制下，以施工组织总设计和企业施工计划为依据编制的，针对具体的单位工程，把施工组织总设计的内容具体化；分部分项工程施工组织设计是以施工组织总设计、单位工程施工组织设计和工程施工计划为依据编制的，针对具体的分部分项工程，把单位工程施工组织设计进一步具体化，它是专业工程具体的组织施工的设计。

在编制施工组织总设计时，可能对某些因素和条件尚未预见到，而这些因素或条件的改变可能影响整个部署。所以，在编制了各个局部的施工设计之后，有时还需要对全局性的施工组织总设计作必要的修正和调整。当然，在贯彻执行施工组织设计的过程中，也应随着工程施工的发展变化，及时给予修正和调整。

二、施工组织设计的作用

施工组织设计就是针对施工安装过程的复杂性，用系统的思想并遵循技术经济规律，对拟建工程的各阶段、各环节以及所需的各种资源进行统筹安排的计划管理行为。它努力使复杂的生产过程，通过科学、经济、合理的规划安排，以达到建设项目能够连续、均衡、协调地进行施工，满足建设项目对工期、质量及投资方面的各项要求。又由于建筑产品的单件性，没有固定不变的施工组织设计适用于任何建设项目，所以，如何根据不同工程的特点编制相应的施工组织设计则成为施工组织管理中的重要一环。

施工组织设计的作用是对拟建工程施工的全过程实行科学管理提供重要手段。通过施工组织设计的编制，可以全面考虑拟建工程的各种具体条件，扬长避短地拟定合理的施工方案，确定施工顺序、施工方法、劳动组织和技术经济的组织措施，合理地统筹安排拟定施工进度计划，保证拟建工程按期投产或交付使用；也为拟建工程的设计方案在经济上的合理性，在技术上的科学性和在实施工程上的可能性进行论证提供依据；还为建设单位编制基本建设计划和施工企业编制施工计划提供依据。依据施工组织设计，施工企业可以提前掌握人力、材料和机具使用上的先后顺序，全面安排资源的供应与消耗；可以合理地确定临时设施的数量、规模和用途，以及临时设施、材料和机具在施工场地上的布置方案。具体表现在：

①施工组织设计是施工准备工作的一项重要内容，同时又是指导各项施工准备工作的依据。

②施工组织设计可体现实现基本建设计划和设计的要求，可进一步验证设计方案的合理性与可行性。

③施工组织设计为拟建工程所确定的施工方案，施工进度和施工顺序等，是指导开展紧凑、有秩序施工活动的技术依据。

④施工组织设计所提出的各项资源需要量计划，直接为物资供应工作提供数据。

　　⑤施工组织设计对现场所作的规划与布置，为现场的文明施工创造了条件，并为现场平面管理提供了依据。

　　⑥施工组织设计对施工企业的施工计划起决定和控制性的作用。施工计划是根据施工企业对建筑市场所进行科学预测和中标的结果，结合本企业的具体情况，制定出的企业不同时期应完成的生产计划和各项技术经济指标。而施工组织设计是按具体的拟建工程的开竣工时间编制的指导施工的文件。因此，施工组织设计与施工企业的施工计划两者之间有着极为密切、不可分割的关系o施工组织设计是编制施工企业施工计划的基础，反过来，制定施工组织设计又应服从企业的施工计划，两者是相辅相成、互为依据的。

　　⑦施工组织设计是统筹安排施工企业生产的投入与产出过程的关键和依据。市政产品的生产和其他工业产品的生产一样，都是按要求投入生产要素，通过一定的生产过程，而后生产出成品，而中间转换的过程离不开管理。市政施工企业也是如此，从承担工程任务开始到竣工验收交付使用为止的全部施工过程的计划、组织和控制的基础就是科学的施工组织设计。

　　⑧通过编制施工组织设计，可充分考虑施工中可能遇到的困难与障碍，主动调整施工中的薄弱环节，事先予以解决或排除，从而提高了施工的预见性，减少了盲目性，使管理者和生产者做到心中有数，为实现建设目标提供了技术保证。

　　总之，通过施工组织设计，也就把施工生产合理地组织起来了，规定了有关施工活动的基本内容，保证了具体工程的施工得以顺利进行和完成。因此，施工组织设计的编制，是具体工程施工准备阶段中各项工作的核心，在施工组织与管理工作中占有十分重要的地位。

　　一个工程如果施工组织设计编制得好，能反映客观实际，能符合国家的全面要求，并且认真地贯彻执行了，施工就可以有条不紊地进行，使施工组织与管理工作经常处于主动地位，取得好、快、省、安全的效果。若没有施工组织设计或者施工组织设计脱离实际或者虽有质量优良的施工组织设计而未得到很好的贯彻执行，就很难正确地组织具体工程的施工，使工作经常处于被动状态，造成不良的后果，难以完成施工任务及其预定目标。

三、施工组织设计的基本内容

　　施工组织设计的内容，就是根据不同工程的特点和要求，根据现有的和可能创造的施工条件，从实际出发，决定各种生产要素（材料、机械、资金、劳动力和施工方法等）的结合方式。

　　在不同设计阶段编制的施工组织设计文件，内容和深度不尽相同，其作用也不一样。一般说施工组织条件设计是概略的施工条件分析，提出创造施工条件和建筑生产能力配备的规划；施工组织总设计是对施工进行总体部署的战略性施工纲领；单位工程施工组织设计则是详尽的实施性的施工计划，用以具体指导现场施工活动。

任何施工组织设计都必须具有以下相应的基本内容：

①施工方法与相应的技术组织措施，即施工方案。

②施工进度计划。

③施工现场平面布置。

④各种资源需要量及其供应。

在这四项基本内容中，第③、④项主要用于指导准备工作的进行，为施工创造物质技术条件。人力、物力的需要量是决定施工平面布置的重要因素之一，而施工平面布置又反过来指导各项物质的因素在现场的安排。第①、②两项内容则主要指导施工过程的进行，规定整个的施工活动。施工的最终目的是要按照国家和合同规定的工期，优质、低成本地完成基本建设工程，保证按期投产和交付使用。因此，进度计划在组织设计中就具有决定性的意义，是决定其他内容的主导因素，其他内容的确定首先要满足它的要求、为它的需要服务，这样它也就成为施工组织设计的中心内容。从设计的顺序上看，施工方案又是根本，是决定其他所有内容的基础。它虽以满足进度的要求作为选择的首要目标，但进度最终也仍然要受到它的制约，并建立在这个基础之上。另一方面也应该看到，人力、物力的需要与现场的平面布置也是施工方案与进度得以实现的前提和保证，要对它们发生影响。因为进度安排与方案的确定必须从合理利用客观条件出发，进行必要的选择。所以，施工组织设计的这几项内容是有机地联系在一起的，它们互相促进，互相制约，密不可分。

至于每个施工组织设计的具体内容，将因工程的情况和使用的目的之差异，而有多寡、繁简与深浅之分。

一般地，施工组织总设计应包括以下内容：

①建设项目的工程概况。

②施工部署及主要建筑物或构筑物的施工方案。

③全场性施工准备工作计划。

④施工总进度计划。

⑤各项资源需要量计划。

⑥全场性施工总平面图设计。

⑦各项技术经济指标。

单位工程施工组织设计应包括以下内容：

①工程概况及其施工特点。

②施工方案的选择。

③单位工程施工准备工作计划。

④单位工程施工进度计划。

⑤各项资源需要量计划。

⑥单位工程施工平面图设计。

⑦质量、安全、节约及冬雨季施工的技术组织保证措施。

⑧主要技术经济指标。

分部分项工程施工组织设计应包括以下内容：

①分部分项工程概况及其施工特点的分析。

②施工方法及施工机械的选择。

③分部分项工程施工准备工作计划。

④分部分项工程施工进度计划。

⑤劳动力、材料和机具等需要量计划。

⑥质量、安全和节约等技术组织保证措施。

⑦作业区施工平面布置图设计。

四、施工组织设计的编制

（一）施工组织设计的编制原则

由于施工组织设计是指导市政工程施工的纲领性文件，对搞好市政工程施工起巨大的作用，所以必须十分重视并做好此项工作。根据我国几十年的经验，应遵循以下几项原则：

第一，认真贯彻国家工程建设的法律、法规、规程、方针和政策。

第二，严格执行工程建设程序，坚持合理的施工程序、施工顺序和施工工艺。

在安排施工程序时，通常应当考虑以下几点：

①要及时完成有关的准备工作（如砍伐树木，拆除已有的建筑物，清理场地，设置围墙，铺设施工需要的临时性道路以及供水、供电管网、建侦临时性工房、行政办公房屋、加工企业等），为正式施工创造良好条件。凡事预则立，不预则废。没有做好必要的准备就贸然施工，必然会造成现场的混乱。正式施工也不是要求所有一切准备工作都做好再开始，只要准备工作能够做到基本上满足开工需要即可。因此，准备工作视施工的需要，可以是一次完成或是分期完成。

②正式施工时，条件具备时应该先进行全场性工程，然后再进行各个工程项目的施工。所谓全场性工程是指平整场地、铺设管网、修筑道路等。在正式施工之初完成这些工程，有利于工地内部的运输，利用永久性管网供水和排水，并便于现场平面的管理。在安排管线道路施工程序时，一般宜先场外、后场内，场外由远而近；先主干、后分支；地下工程要先深后浅，排水要先下游、再上游。

③对于单个建筑物的施工顺序，既要考虑空间顺序，也要考虑工种之间顺序。空间顺序是解决施工流向的问题，它必须根据生产需要、缩短工期和保证工程质量的要求来决定。工种顺序是解决时间上的搭接问题，它必须做到保证质量，工种之间互相创造条件，充分利用工作面，争取时间。

④可供施工期间使用的永久性建筑物（如道路、各种管网、仓库、宿舍、工场、办公房屋和饭厅等）可以尽先建造，以便减少暂设工程，节约投资。

第三，采用现代建筑管理原理、流水施工方法和网络计划技术，组织有节奏、均衡和连续的施工。

用流水作业方法组织施工，可以使工程施工连续地、均衡地、有节奏地进行，能够合理地使用人力、物力和财力，能多、快、好、省、安全地完成工程建设任务。

用网络计划技术编制施工进度计划，逻辑严密，主要矛盾突出，有利于应用电子计算机进行计划优化和及时调整，能对施工进度计划进行动态的管理。

第四，优先选用先进施工技术，科学确定施工方案；认真编制各项实施计划，严格控制工程质量、工程进度、工程成本和安全施工。

先进的施工技术是提高劳动生产率、改善工程质量、加快施工速度、降低工程成本的重要源泉。因此，在编制施工组织设计时，必须注意结合具体的施工条件，广泛地采用国内外的先进的施工技术，吸收先进工地和先进工作者的施工方法和劳动组织等方面所创造的经验。

拟定合理的施工方案，是保证施工组织设计贯彻上述各项原则和充分采用先进经验的关键。施工方案的优劣，在很大程度上决定着施工组织设计的质量。

拟定施工方案通常包括确定施工方法，选择施工机具，安排施工顺序和组织流水施工等方面内容。每项工程的施工都可能存在多种可能的方案供选择，在选择时要注意从实际条件出发，在确保工程质量和生产安全的前提下，使方案在技术上是先进的，在经济上是合理的。

第五，充分利用施工机械和设备，提高施工机械化、自动化程度，改善劳动条件，提高生产率。市政工程是消耗巨大社会劳动的物质生产部门之一。以机械化代替手工劳动，特别是大面积场地平整、大量土方、装卸、运输、吊装和混凝土制作等繁重劳动的施工过程实行机械化，可以减轻劳动强度、提高劳动生产率，有利于加快施工速度。

第六，扩大预制装配范围，提高市政工程工业化程度；科学安排冬期和雨期施工，保证全年施工均衡性和连续性。

市政施工的特点之一是露天作业，常受气候和季节条件的影响。严寒和阴雨连绵，都不利于施工的进行。随着施工技术科学的不断发展，目前已经完全有可能在冬雨期照常进行施工，且不降低施工速度，但由于在冬雨期施工时，通常需要采取一些特殊的措施，需要增加一些费用，这些费用虽然可以通过工人窝工的减少，施工机具设备利用程度的提高，间接费用的节约等方面得到弥补，但仍然应当尽量减少这方面的费用，以免工程成本过分提高。为此，在安排施工进度时，应当注意季节性特点，恰当地安排冬雨期施工项目，以增加全年的施工日，并注意只有把那些确有必要的、不因冬雨期施工而过分复杂化和过分提高造价的工程，才列入冬雨期施工的范围。

第七，坚持"安全第一，预防为主"原则，确保安全生产和文明施工；认真做好生态环境和历史文物保护，严防振动、噪声、粉尘和垃圾污染。

第八，合理布置施工平面图，尽量减少临时工程，减少施工用地，降低工程成本。尽量利用正式工程，原有或就近已有设施，做到暂设工程与既有设施相结合、与正式工程相结合。同时，要注意因地制宜，就地取材以求尽量减少消耗，降低生产成本。

暂设工程在施工结束之后就要拆除。因此，在编制施工组织设计时，必须十分注意尽量减少暂设工程的数量，以便节约投资，节约施工用地。

第九，优化现场物资储存量，合理确定物资储存方式，尽量减少库存量和物资损耗。

（二）施工组织设计的编制步骤

1．计算工程量

通常可以利用工程预算中的工程量。工程量计算准确，才能保证劳动力和资源需要量计算的得正确和分层分段流水作业的合理的组织，故工程量必须根据图纸和较为准确的定额资料进行计算。如工程的分层分段按流水作业方法施工时，工程量也应相应地分层分段计算。同时，许多工程量在确定了方法以后可能还须修改，比如土方工程的施工由利用挡土板改为放坡以后，土方工程量即应增加，而支撑工料就将全部取消。这种修改可在施工方法确定后一次进行。

2．确定施工方案

如果施工组织总设计已有原则规定，则该项工作的任务就是进一步具体化，否则应全面加以考虑。需要特别加以研究的是主要分部分项工程的施工方法和施工机械的选择，因为它对整个单位工程的施工具有决定性的作用。具体施工顺序的安排和流水段的划分，也是需要考虑的重点。与此同时，还要很好地研究和决定保证质量与安全和缩短技术性中断的各种技术组织措施。这些都是单位工程施工中的关键，对施工能否做到好快省安全有重大的影响。

3．组织流水作业，排定施工进度

根据流水作业的基本原理，按照工期要求、工作面的情况、工程结构对分层分段的影响以及其他因素，组织流水作业，决定劳动力和机械的具体需要量以及各工序的作业时间，编制网络计划，并按工作日排出施工进度。

4．计算各种资源的需要量和确定供应计划

依据采用的劳动定额和工程量及进度可以决定劳动量（以工日为单位）和每日的工人需要量。依据有关定额和工程量及进度，就可以计算确定材料和加工预制品的主要种类和数量及其供应计划。

5．平衡劳动力、材料物资和施工机械的需要量并修正进度计划

根据对劳动力和材料物资的计算就可绘制出相应的曲线以检查其平衡状况。如果发现有过大的高峰或低谷，即应将进度计划做适当的调整与修改，使其尽可能趋于平衡，以便使劳动力的利用和物资的供应更为合理。

五、施工组织设计贯彻

（一）做好施工组织设计的技术交底

经过批准的施工组织设计，在开工前，一定要召开各级生产、技术会议并逐级执行交底，详细地讲解其意图、内容、要求、目标和施工的关键与保证措施，组织施工人员广泛讨论，拟定完成任务的技术组织措施，作出相应的决策。同时责成计划部门，制定出切实可行的和严密的施工计划；责成技术部门，拟定科学合理的具体技术实施细则，保证施工组织设计的贯彻执行。

（二）制定各项管理制度

施工组织设计能否顺利贯彻，还取决于施工企业的技术水平和管理水平。体现企业管理水平的标志，在于企业各项管理制度健全与否。施工的实践证明，只有施工企业有了科学的、健全的管理制度，企业的正常生产秩序才能顺利开展，才能保证工程质量，提高劳动生产率，防止可能出现的漏洞或事故。因此，为了保证施工组织设计顺利贯彻执行，必须建立和健全各项管理规章制度。

（三）实行技术经济承包责任制

技术经济承包责任制是用经济的手段和方法，明确承发包双方的责任。它便于加强监督和相互促进，是保证承包目标实现的重要手段。为了更好地贯彻施工组织设计，应该推行技术经济承包责任制度，开展劳动竞赛，把施工过程中的技术经济责任同职工的物质利益结合起来。如开展评比先进，推行全优工程综合奖、节约材料奖、提前工期奖和技术进步奖等。

（四）搞好施工的统筹安排和综合平衡，组织连续施工

在贯彻施工组织设计时，一定要搞好人力、财力、材料、机械、施工方法、时间和空间等方面的统筹兼顾、合理安排，综合平衡各方面因素，优化施工计划，对施工中出现的不平衡因素应及时分析和研究，进一步完善施工组织设计，保证施工的节奏性，均衡性和连续性。

（五）切实做好施工准备工作

施工准备工作是保证均衡和连续施工的重要前提，也是顺利地贯彻施工组织设计的重要保证。"不打无准备之仗"，不搞无准备之工程。开工之前不仅要做好一切人力、物力、财力和现场的准备，而且在施工过程中的不同阶段也要做好相应的施工准备工作。

六、施工组织设计检查与调整

（一）施工组织设计检查

1. 主要指标完成情况的检查

施工组织设计的主要指标的检查，一般采用比较法。即把各项指标的完成情况同计划规定的指标相对比。检查的内容应该包括工程进度、工程质量、材料消耗、机械使用和成本费用等。把主要指标数额检查同其相应的施工内容、施工方法和施工进度的检查结合起来，发现其问题，为进一步分析原因提供依据。

2. 施工总平面图的检查

施工现场必须按施工总平面图要求建造临时设施，敷设管网和运输道路，合理地存放机具，堆放材料；施工现场要符合文明施工的要求；施工现场的局部断电、断水、断路等，必须事先得到有关部门批准；施工的每个阶段都要有相应的施工总平面图；施工总平面图的任何改变都必须有关部门批准。如果发现施工总平面图存在不合理性，要及时制定改进方案，报请有关部门批准，不断地满足施工进展的需要。施工总平面的检查应按建筑主管部门的规定执行。

（二）施工组织设计调整

施工组织设计的调整就是针对检查中发现的问题，通过分析其原因，拟定其改进措施或修订方案；对实际进度偏离计划进度的情况，在分析其影响工期和后续工作的基础上，调整原计划以保证工期；对施工（总）平面图中的不合理地方进行修改。通过调整，使施工组织设计更切合实际，更趋合理，以实现在新的施工条件下，达到施工组织设计的目标。

应当指出，施工组织设计的贯彻、检查和调整是贯穿工程施工全过程始终的经常性工作。

第三章 道路路面基层施工技术

第一节 道路路面基层的类型与块石路面基层

一、道路路面基层的类型

路面基层是在路基（垫层）表面上用单一材料或混合料按照一定的技术措施分层铺筑而成的层状结构，可分为基层、底基层。具有较高强度、刚度和稳定性的基层才能保证面层结构的良好使用品质。直接位于沥青面层下用高质量材料铺筑的主要承重层，或直接位于水泥混凝土面板下，用高质量材料铺筑的结构层称为基层。在沥青路面基层下铺筑的次要承重层或在水泥混凝土路面基层下铺筑的辅助层称为底基层。

路面基层（底基层）可分为粒料材料、无机结合料稳定材料和有机结合料稳定材料。公路路面基层、底基层按材料力学行为可划分为半刚性类、柔性类和刚性类。半刚性基层、底基层的种类包含水泥稳定材料、石灰稳定材料及综合稳定材料（水泥粉煤灰、石灰粉煤灰、水泥炉渣、石灰炉渣、水泥石灰等稳定材料）。柔性基层、底基层的种类可分为有机结合料稳定类（沥青碎石、沥青贯入等）和无黏结粒料类（级配碎石、级配砾石、填隙碎石、级配砾碎石类等）。刚性基层类包括贫混凝土基层、水泥混凝土基层以及连续配筋水泥混凝土基层。半刚性材料、无黏结粒料类材料根据性能要求和设计标准，可适用于各级公路基层和底基层，而刚性基层一般适用于极重交通、特重交通或有特殊使用要求的路面基层。

（一）粒料材料路面基层（底基层）

粒料材料基层（底基层）又称无黏结粒料材料基层，主要包括级配碎石、级配砾石、符合级配的天然砂砾、部分砾石经轧制掺配而成的级配砾碎石，以及泥结碎石、泥灰结碎石、填隙碎石等。

粒料材料路面基层又分为嵌锁型和级配型。目前常用的有填隙碎石（嵌锁型）、级配醉（砾）石、天然砂砾（级配型）几种。粒料类基层（底基层）的主要特点是透水性大，施工方便。我国大都将此类结构作为高等级公路的底基层或垫层，有些国家用级配碎（砾）石修筑基层或底基层，还用作沥青面层与半刚性基层间的联结层。

嵌锁型粒料基层的整体强度主要依靠碎石颗粒之间的嵌锁和摩阻作用，颗粒之间的黏结力很小，即这种结构层的抗剪强度主要取决于剪切面上的法向应力和材料的内摩阻角。内摩阻角由三项因素构成：粒料表面的相互滑动摩擦、剪切时体积膨胀而需克服的阻力、粒料重新排列而受到的阻力。因此，嵌锁型结构强度主要取决于石料的强度、形状、尺寸、均匀性、表面粗糙度以及施工时的压实程度。当石料强度高，形状接近立方体、有棱角、尺寸均匀、表面粗糙、压实度高时，结构层的强度就高。

级配型粒料基层的强度和稳定性取决于内摩阻力和黏结力的大小。即其强度与稳定性在很大程度上取决于集料的类型（碎石、砾石或碎砾石）、集料的最大粒径和级配以及混合料中0.5mm以下细料的含量及塑性指数。同时还与其密实程度有关系。因此对级配型粒料，主要控制最大粒径、细料含量以及其塑性指数和现场压实度。

（二）无机结合料稳定材料基层（底基层）

无机结合料稳定材料基层是在粉碎的或原状松散的土中掺入一定量的无机结合料（包括水泥、石灰或工业废渣等）和水，经拌合得到的混合料在压实与养生后，其抗压强度符合规定要求的材料称为无机结合料稳定材料，以此修筑的路面基层称为无机结合料稳定基层。无机结合料稳定基层具有稳定性好、抗冻性能强、结构本身自成板体等特点；但其耐磨性差，因此广泛用于修筑路面结构的基层和底基层。无机结合料稳定类基层又称半刚性基层，常用的半刚性基层的类型有：

①水泥稳定材料：主要有水泥稳定土、水泥稳定碎石（或砂砾）及水泥稳定未筛分碎石（或石渣、石屑）等。

②石灰稳定材料：主要有石灰土、石灰碎石土、石灰砾石土，以及石灰土稳定级配碎石和级配砂砾等。

③综合稳定材料：水泥石灰稳定材料、石灰工业废渣稳定材料和水泥工业废渣稳定材料统称综合稳定材料。

水泥石灰稳定材料：主要有水泥石灰综合稳定土、水泥石灰稳定碎石（或砾石）、水泥石灰稳定炉渣等。

石灰工业废渣稳定材料：主要有石灰粉煤灰（简称二灰）和石灰炉渣两大类。石灰粉煤灰类有二灰土、二灰、二灰砂砾、二灰碎石等；石灰炉渣类有石灰炉渣土、石灰炉渣碎石（或砂砾）、石灰炉渣矿渣等。

水泥工业废渣稳定材料主要有水泥粉煤灰和水泥炉渣两大类。水泥粉煤灰类有水泥粉煤灰土、水泥粉煤灰砂砾、水泥粉煤灰碎石等；水泥炉渣类有水泥炉渣土、水泥炉渣碎石（或砂砾）、水泥炉渣矿渣等。

（三）有机结合料稳定材料基层（底基层）

有机结合料稳定材料基层包括热拌沥青混合料或乳化沥青碎石混合料、沥青贯入碎石及沥青稳定土等。沥青稳定材料可用于高速公路、一级和二级公路的基层或调平层。

二、块石路面

用块状石料铺筑的路面称为块石路面。根据其使用材料性质、形状、参考尺寸的不同，分为条石、小方石、拳石、粗琢石等整齐、半整齐和不整齐块石路面。

块石路面的主要优点是坚固耐久，清洁少尘，养护修理方便。由于这种路面易于翻修，因而特别适用于土基不够稳定的桥头高填土路段、铁路交叉口以及有地下管线的城市道路上。又由于它的表面粗糙度较好，故可在山区急弯、陡坡路段上采用，能提高抗滑能力。

块石路面的主要缺点是用手工铺筑，难以实现机械化施工，块石之间容易出现松动，铺筑慢，建筑费用高。

块石路面的构造特点是必须设置整平层，块石之间还需用填缝料嵌填，使块石满足强度和稳定性的要求。

整平层是用来垫平基础表面及块石底面，以保持块石顶面平整及缓和车辆行驶时的冲击、振动作用。整平层的厚度，视路面类型、块石规格、基层材料性质而异，一般为2～3cm。整平层材料一般采用级配良好、清洁的粗砂或中砂，其具有施工简便、成本低的优点，但稳定性较差。有时采用炉渣或石屑以及水泥砂或沥青砂做整平层。

块石路面的填缝料，主要用来填充块石间缝隙，嵌紧块石，加强路面的整体性，并起着保护边角与防止路面水下渗作用。一般采用砂做填缝料，但有时应用水泥砂浆或沥青玛蹄脂。砂浆具有良好防水和保护块石边角的作用，但翻修困难。有时每隔15～20cm还需设置胀缩缝。

块石路面的强度，主要借基础的承载力和石块与石块之间的摩擦力构成。当此两种力很小，不足以抵抗车轮垂直荷载作用时，就会出现沉陷变形。欲使块石坚固，则块石料周界面与土基承载力和传布面积，均应尽可能地大。如果摩擦周界面上的摩擦力很小，或土基和基层承载力不足，则路面在车轮荷载作用下，将发生压缩变形。如果压形不一致，则路面高低不平、最后导致块石松动而路面破坏。

三、块石基层

块石基层采用锥形块石、片石或圆石手工摆砌，并用碎石嵌缝压实而成。块石基层所用的石块强度要求不低于Ⅲ级。锥形块石应具有平整的底面，底面面积不小于100cm^2，高度一般为14～18cm。片形、尖形、扁平石料均应加工后方可使用，片石高度应为层厚的80%～90%，一般为12～16cm。

块石基层一般铺在砂、砂砾、炉渣等功能层上，当土基良好时，也可直接铺在土基上。铺砌时应从路边缘起逐渐向路中心推进。较大的石块铺于路边，较小的石块铺于路中，石块大面朝下，尖端向上。所有石块必须单独坐稳，排砌紧密。块石的长边应与道路中线垂直，其纵、横缝应错开，相邻块石的表面高差不宜大于2cm。铺砌为3～5m长度后，即撒铺嵌缝料（一般用15～35mm粒径的碎石）填充紧密。平整度要求高时，还可用5～15mm石屑进行第二次嵌缝。然后用压路机按先轻后重先边缘后中间的顺序进行洒水碾压，至无显著轮迹、碎石无挤动推移的现象为止。

块石基层一般具有较高的强度和稳定性，但整体性差。当土基比较湿软或不均匀时，容易导致块石不均匀下沉、路面破坏。块石基层铺砌费工，故已逐渐被整体性强的石灰土、二渣、三渣土等基层所取代。

第二节　碎石路面基层

一、碎石路面基层概述

碎石路面基层是用加工轧制的碎石按嵌挤原理铺压而成的路面。碎石路面基层按施工方法填充结合料的不同，分为泥结碎石、泥灰结碎石、填隙碎石等数种。碎石路面通常用砂、砾石天然砂石或块石为基层，有时亦可直接铺在路基上。碎石路面基层的优点是投资不高，施工简单；缺点是平整度差，易扬尘。

碎石路面基层的强度主要依靠石料的嵌挤作用以及填充结合料的黏结作用。嵌挤力的大小主要取决于石料的内摩阻角。黏结作用（用材料的黏结力表示）的大小主要取决于填充结合料本身的内聚力及其与矿料之间的黏附力大小。

二、泥结碎石路面基层

泥结碎石路面基层是以碎石作为集料、泥土作为填充料和黏结料，经压实修筑成的一种结构。泥结碎石路面基层厚度一般为8～20cm；当总厚度等于或超过15cm时，一般分两层铺筑，上层厚度为6～10cm，下层厚度为9～14cm。泥结碎石路面基层的力学强度和稳定性不仅依赖于碎石的相互嵌挤作用，同时也依赖于土的黏结作用。泥结碎石路面虽用同一尺寸石料修筑，但在使用过程中由于行车荷载的反复作用，石料会被压碎而向密实级配转化。

泥结碎石层所用的石料，其等级不宜低于Ⅳ级，长条、扁平状颗粒不宜超过总量的20%。不产石料地区的次要道路，交通量少时，可采用礓石和碎砖等材料。碎砖粒径宜稍大，一般为路面基层厚度的80%。泥结碎石层所用黏土，应具有较高的黏性，塑性指数以12～15为宜。黏土内不得含腐殖质或其他杂物。黏土用量一般不超过混合料总质量的18%。

泥结碎石路面基层施工方法有灌浆法、拌合法及层铺法三种。实践证明灌浆法具有较高的强度和稳定性，因而目前采用较多。

灌浆法泥结碎石路面施工，一般按下列工序进行：

（一）准备工作

包括放样、布置料堆、整理路槽（或基层）与拌制泥浆等。泥浆一般按水与土为0.8∶1～1∶1的体积比进行拌合配制。如过稠，则灌不下去，泥浆会积在石层表面；如过稀，则易流淌于石层底部，干后体积缩小，黏结力降低，均将影响路面的强度和稳定性。

（二）摊铺碎石

在路槽筑好以后，按松铺厚度（为压实厚度的1.2～1.3倍）摊铺碎石，要求大小颗粒均匀分布，纵横断面符合要求，厚度一致。主层矿料粒径底层一般采用1～2或2～3号碎石，面层一般采用3～4号碎石。

（三）预压

碎石铺好后，用轻型压路机碾压，碾速宜慢，每分钟25～30m，轮迹重叠25～30cm。一般碾压6～10遍，至石料无松动为止。过多碾压将堵塞碎石缝隙，妨碍灌浆。

（四）浇灌泥浆

在预压的碎石层上，浇灌泥浆，浆要浇得均匀、浇得透，以灌满孔隙、表面与碎石齐平为度，但碎石棱角仍应露出泥浆之上。

（五）撒嵌缝料

灌浆1～2h后，待泥浆下注，空隙中空气溢出，表面未干前撒铺5～15mm的嵌缝料（1～1.5m^3/100m^2），嵌缝料要撒得均匀。

（六）碾压

撒过嵌缝料后，即用中型压路机进行碾压，并随时注意用扫帚将石屑扫匀。如表面太干须略微洒水碾压，如表面太湿待干后再压。最终碾压阶段，需使碎石缝隙内泥浆能翻到路面上与所撒石屑粘成一个坚实的整体为止。

泥结碎石亦能用作路面的基层，但其水稳定性较差，当用作沥青路面基层时，一般只适用于干燥路段。泥结碎石作为基层时，主层矿料的粒径不宜小于40mm，并不大于层厚的70%。嵌缝料应与主层矿料的最小粒径相衔接。土的塑性指数以10～

12为宜，含土量不宜大于混合料总质量的15%。

三、泥灰结碎石路面基层

泥灰结碎石路面基层是以碎石为集料，用一定数量的石灰和土做黏结填缝料的碎石路面基层。因为掺入石灰，泥灰结碎石路面基层的水稳定性比泥结碎石好。泥灰结碎石路面基层的黏土质量规格要求与泥结碎石相同；石灰质量应合格。石灰与土的用量不应大于混合料总质量的20%，其中石灰剂量为土质量的8%～12%。施工程序与质量要求与泥结碎石路面基层相同。采用拌合法时，应先将石灰与黏土拌合均匀，再撒在石料上拌合，摊铺均匀，边压边洒水，使石灰与土在碾压中成浆并充满空隙。

四、填隙碎石基层

填隙碎石基层是用单一尺寸的粗碎石做主集料，形成嵌锁作用，用石屑填满碎石间的孔隙，增加密实度和稳定性，这种结构称为填隙碎石。填隙碎石可用于各等级公路的底基层和二级以下公路的基层。填隙碎石的一层压实厚度，可取碎石最大粒径的1.5～2.0倍。缺乏石屑时，可以添加细砾砂或粗砂等细集料，但其技术性能不如石屑。

填隙碎石用于基层时，碎石的最大粒径不应超过53mm；用作底基层时，碎石的最大粒径不应超过63mm。粗碎石可以用具有一定强度的各种岩石或漂石轧制，但漂石的粒径应为粗碎石最大粒径的3倍以上；也可以用稳定的矿渣轧制，矿渣的干密度和质量应比较均匀，且其干密度不小于960kg/m³。材料中的扁平、长条和软弱颗粒的含量不应超过15%。粗碎石的压碎值用作基层时不大于26%，用作底基层时不大于30%。

用单一粒径的粗碎石和石屑组成的填隙碎石可用干法施工，也可用湿法施工。干法施工的填隙碎石特别适宜于干旱缺水地区。填隙碎石的施工工艺如下：

（一）干法施工

①检查下承层，施工放样和备料。
②运输和摊铺粗碎石。
③初压：用8L两轮压路机碾压3～4遍，使粗碎石稳定就位。在直线和不设超高的平曲线段上，碾压从两侧路肩开始，逐渐错轮向路中心进行；在设超高的平曲线段上，碾压从内侧路肩开始，逐渐错轮向外侧路肩进行。错轮时，每次重叠1/3轮宽。在第一遍碾压后，应再次找平。初压结束时，表面应平整，并具有要求的路拱和纵坡。
④撒铺填隙料：用石屑撒布机或类似的设备将干填隙料均匀地撒铺在已压稳的

粗碎石层上，松铺厚度为2.5～3.0cm。必要时，用人工或机械扫匀。

⑤碾压：用振动压路机慢速碾压，将全部填隙料振入粗碎石间的孔隙中。如没有振动压路机，可用重型振动板。

⑥再次撒布填隙料：用石屑撒布机或类似的设备将干填隙料再次撒铺在粗碎石层上，松铺厚度为2.0～2.5cm，用人工或机械扫匀。

⑦再次碾压：用振动压路机进行碾压。在碾压过程中，对局部填隙料不足之处，人工进行找补。局部多余的填隙料应扫除。再次碾压后，如表面仍有未填满的孔隙，则应补撒填隙料，并用振动压路机继续碾压，直到全部孔隙被填满为止。同时，应将局部多余的填隙料铲除或扫除。填隙料不应在粗碎石表面自成一层。表面必须能看得见粗碎石。

⑧填隙碎石表面孔隙全部填满后，用12～15t三轮压路机再碾压1～2遍。在碾压过程中，不应有任何蠕动现象。在碾压之前，宜在表面先洒少量水，洒水量宜为3kg/m²以上。

（二）湿法施工

①至⑦与干法施工①至⑦要求相同。

⑧洒水饱和：粗碎石层表面孔隙全部填满后，立即用洒水车洒水，直到饱和，但应注意避免多余水浸泡下承层。

⑨碾压滚浆：用12～15t三轮压路机跟在洒水车后进行碾压。在碾压过程中，将湿填隙料继续扫入所出现的孔隙中。需要时，再添加新的填隙料。洒水和碾压应一直进行到填隙料和水形成粉砂浆为止。粉砂浆应填塞全部孔隙，并在压路机轮前形成微波纹状。

⑩干燥：碾压完成的路段应让水分蒸发一段时间。结构层变干后，表面多余的细料以及细料覆盖层都应扫除干净。

当需分层铺筑时，应待结构层变干后，将已压成的填隙碎石层表面的填隙料扫除一些，使表面粗碎石外露5～10mm，然后在上摊铺第二层粗碎石，并按上述要求施工。

第三节　级配碎（砾）石路面基层

一、级配碎（砾）石路面基层概述

级配碎（砾）石路面基层是由各种粒径的碎石和石屑（或砾石和砂）按一定的比例混合，级配满足一定要求且塑性指数和承载比均符合规定要求的混合料。土按最佳级配原理修筑而成的路面结构层。级配碎（砾）石路面结构是按级配原理铺筑的一种密实结构。其是用按比例配合颗粒大小不同的碎（砾）石、砂等材料，逐级填充空隙，并用黏土黏结而成为一种符合标准级配的混合料，通过碾压获得最大密实度的路面结构层。在级配混合料中，石料主要起骨架作用，保证具有一定的内磨阻力，黏土主要起黏结作用，级配混合料的内摩阻力，取决于集料的形状、粗糙度和硬度以及混合料的颗粒尺寸分布和密实度，而黏结力则取决于黏土的含量和塑性指数。

二、级配碎石路面基层

级配碎石路面基层可用于各级公路的基层和底基层，也可用作较薄沥青层与半刚性基层之间的中间层。

（一）材料要求

用于二级和二级以上公路基层和底基层的级配碎石应用预先筛分成几组不同粒径的碎石（如37.5～19mm、19～9.5mm、9.5～4.75mm）及4.75mm以下的石屑组配而成。在其他等级公路上，级配碎石可用未筛分碎石和石屑组配而成。缺乏石屑时，可以添加细砂砾或粗砂，也可以用颗粒组成合适的含细集料较多的砂砾与未筛分碎石组配成级配碎砾石。

当级配碎石用作二级和二级以下公路的基层时，其最大粒径应控制在37.5 mm以内；当级配碎石用作高速公路和一级公路的基层以及半刚性路面的中间层时，其最大粒径宜控制在31.5mm以下。

石屑或其他细集料可以使用一般碎石场的细筛余料，也可以利用轧制沥青表面处治和贯入式用石料时的细筛余料，或专门轧制的细碎石集料，也可以用天然砂砾或粗砂代替石屑。天然砂砾的颗粒尺寸应该合适，必要时应筛除其中的超尺寸颗粒。天然砂砾或粗砂应有较好的级配。

（二）级配碎石层施工（路拌法）

①下承层准备。按下承层的有关检验标准进行复检，凡不合格的路段应进行整修，使其达到标准，下承层表面应平整、坚实、具有规定的路拱，没有任何松散和软弱地点。

②施工放样。在底基层或老路面或土基上恢复中线，直线段每15～20m设一桩，平曲线段每10～15m设一桩，并在两侧路肩边缘外设指示桩。在两侧指示桩上用明显标记标出水泥稳定土层边缘的设计高。

③备料。根据各路段基层或底基层的宽度、厚度及规定的压实干密度并按确定的配合比分别计算各段需要的未筛分碎石和石屑的数量或不同粒级碎石和石屑的数量，并计算每车料的堆放距离。未筛分碎石的含水率较最佳含水率宜大1%。

未筛分碎石和石屑可按预定比例在料场混合，同时洒水加湿；使混合料的含水率超过最佳含水率1%。

④运输和摊铺集料。集料装车时，应控制每车料的数量基本相等。

在同一料场供料的路段内，宜由远到近卸置集料。卸料距离应严格掌握，避免料不够或过多。未筛分碎石和石屑分别运送时，应先运送碎石。

料堆每隔一定距离应留一缺口。

集料在下承层上的堆置时间不应过长。运送集料较摊铺集料工序宜只提前数天。

应事先通过试验确定集料的松铺系数并确定松铺厚度。人工摊铺混合料时，其松铺系数为1.40～1.50；平地机摊铺混合料时，其松铺系数为1.25～1.35。

用平地机或其他合适的机具将料均匀地摊铺在预定的宽度上，表面应力求平整，并具有规定的路拱。应同时摊铺路肩用料。

检查松铺材料层的厚度，必要时，应进行减料或补料。

采用不同粒级的碎石和石屑时，应将大碎石铺在下层，中碎石铺在中层，小碎石铺在上层。洒水使碎石湿润后，再摊铺石屑。

⑤拌合及整形。对于二级及二级以上公路，应采用稳定土拌合机拌合级配碎石。对于二级以下的公路，在无稳定土拌合机的情况下，可采用平地机或多铧犁与缺口圆盘耙相配合进行拌合。

用稳定土拌合机应拌合两遍以上。拌合深度应直到级配碎石层底。在进行最后一遍拌合之前，必要时先用多铧犁紧贴底面翻拌一遍。

用平地机进行拌合，宜翻拌5～6遍，使石屑均匀分布于碎石料中。平地机拌合的作业长度，每段宜为300～500m。

拌合结束时，混合料的含水率应均匀，并较最佳含水率大1%，同时应没有粗细颗粒离析现象。

用缺口圆盘耙与多铧犁相配合拌合级配碎石时，用多铧犁在前面翻拌，圆盘耙紧跟在后面拌合，即采用边翻边耙的方法，共翻耙4～6遍。应随时检查调整翻耙的深度。用多铧犁翻拌时，第一遍由路中心开始，将混合料向中间翻，同时机械应慢速前进。第二遍从两边开始，将混合料向外翻。拌合过程中，应保持足够的水分。拌合结束时，混合料的含水率和均匀性应符合要求。

使用在料场已拌合的级配碎石混合料时，摊铺后混合料如有粗细颗粒离析现象，应用平地机进行补充拌合。

用平地机将拌合均匀的混合料按规定的路拱进行整平和整形，在整形过程中，应注意消除粗细集料离析现象。

用拖拉机、平地机或轮胎压路机在已初平的路段上快速碾压一遍，以暴露潜在的不平整，再用平地机进行整平和整形。

⑥碾压。整形后，当混合料的含水率等于或略大于最佳含水率时，立即用12t以上三轮压路机碾压，每层的压实厚度不应超过18cm。振动压路机或轮胎压路机进行碾压，每层的压实厚度不应超过20cm。

直线和不设超高的平曲线段，由两侧路肩开始向路中心碾压；在设超高的平曲线段，由内侧路肩向外侧路肩进行碾压；碾压时，后轮应重叠1/2轮宽；后轮必须超过两段的接缝处。后轮压完路面全宽时，即为一遍。碾压一直进行到要求的密实度为止。一般需碾压6～8遍，应使表面无明显轮迹。压路机的碾压速度，前两遍采用1.5～1.7km/h为宜，以后用2.0～2.5km/h。路面的两侧应多压2～3遍。严禁压路机在已完成的或正在碾压的路段上调头或急刹车。

凡含土的级配碎石层，都应进行滚浆碾压，一直压到碎石层中无多余细土泛到表面为止。滚到表面的浆（或事后变干的薄土层）应清除干净。

⑦横缝的处理。两作业段的衔接处，应搭接拌合。第一段拌合后，留5～8m不进行碾压，第二段施工时，前段留下未压部分与第二段一起拌合整平后进行碾压。

⑧纵缝的处理。应避免纵向接缝。在必须分两幅铺筑时，纵缝应搭接拌合。前一幅全宽碾压密实，在后一幅拌合时，应将相邻的前幅边部约30cm搭接拌合，整平后一起碾压密实。

（三）级配碎石层施工（中心站集中厂拌法）

级配碎石用作半刚性路面的中间层以及用作二级以上公路的基层时，应采用集中厂拌法拌制混合料，并用摊铺机摊铺混合料。级配碎石混合料可以在中心站用多种机械进行集中拌合，如强制式拌合机、卧式双转轴桨叶式拌合机、普通水泥混凝土拌合机等。

对用于高速公路和一级公路的级配碎石基层和中间层，宜采用不同粒级的单一尺寸碎石和石屑，按预定配合比在拌合机内拌制级配碎石混合料。不同粒级的碎石和石屑等细集料应隔离，分别堆放。细集料应有覆盖，防止雨淋。在正式拌制级配碎石混合料之前，必须先调试所用的厂拌设备，使混合料的颗粒组成和含水率都能达到规定的要求。在采用未筛分碎石和石屑时，如未筛分碎石或石屑的颗粒组成发生明显变化，应重新调试设备。

将级配碎石用于高速公路和一级公路时，应用沥青混凝土摊铺机或其他碎石摊铺机摊铺碎石混合料。摊铺机后面应设专人消除粗细集料离析现象。

用振动压路机、三轮压路机进行碾压，碾压方法同路拌法。

级配碎石用于二级和二级以下公路时，如没有摊铺机，也可用自动平地机（或摊铺箱）摊铺混合料。

级配碎石基层未洒透层沥青或未铺封层时，禁止开放交通，以保护表层不受破坏。

三、级配砾石路面基层

天然砂砾符合规定的级配要求，而且塑性指数在6或9以下时，可以直接用作基层。

塑性指数偏大的砂砾,可加少量石灰降低其塑性指数,也可以用无塑性的砂或石屑进行掺配,使其塑性指数降低到符合要求,或塑性指数与细土(粒径小于0.5mm的颗粒)含量的乘积符合要求。可在天然砂砾中掺加部分碎石或轧碎砾石,以提高混合料的强度和稳定性。天然砂砾掺加部分未筛分碎石组成的混合料的强度和稳定性介于级配碎石和级配砾石之间。级配砾石可适用于轻交通的二级和二级以下公路的基层以及各级公路的底基层。

当用于基层的在最佳含水率下制备的级配砾石试件的干密度与工地规定达到的压实干密度相同时,浸水4d的承载比值应不小于160%。用作底基层的砾石、砾石土或其他粒状材料的级配,应位于表3-1的范围内。液限应小于28%,塑性指数应小于9。

表3-1 天然砾石、砾石土的推荐级配范围

筛孔尺寸/mm	53	37.5	9.5	4.75	0.6	0.075
通过质量百分率/%	100	80～100	40～100	25～85	8～45	0～15

第四节 无机结合料稳定材料路面基层

一、无机结合料稳定材料路面基层概述

采用一定的技术措施,使土成为具有一定强度和稳定性的筑路材料,以此修筑的路面基层称为稳定土路面基层。稳定土的方法有很多种,按其技术措施的不同可分为:机械方法(如压实)、物理方法(如改善水文状况)、加入掺加剂(粒料、黏土、盐溶液、有机结合料、无机结合料、高分子化合物及其他化学添加剂等)、技术处理(如热处理、电化学加固)。稳定土的方法选择应根据结构物对加固的要求,掺加剂或原材料的供应情况,施工条件及当地土的性质等,进行详细的技术经济比较后确定。

在粉碎的或原状松散的土中掺入一定量的无机结合料(包括水泥、石灰或工业废渣等)和水,经拌合得到的混合料在压实与养生后,其抗压强度符合规定要求的材料称为无机结合料稳定材料,以此修筑的路面基层称为无机结合料稳定基层,又称半刚性基层。

粉碎的或原状松散的土按照土中单个颗粒(指碎石、砾石、砂和土颗粒)的粒径的大小和组成,将土分成细粒土、中粒土和粗粒土:

①细粒土是指颗粒最大粒径不大于4.75mm,公称最大粒径不大于2.36mm的土,包括黏质土、粉质土、砂和石屑;

②中粒土是指颗粒最大粒径不大于26.5mm,公称最大粒径大于2.36mm且不大于19mm的土或集料,包括砂砾土、碎石土、级配砂砾和级配碎石;

③粗粒土是指颗粒最大粒径不大于53mm，公称最大粒径大于19mm且不大于37.5mm的土或集料，包括砂砾土、碎石土、级配砂砾和级配碎石。

二、石灰稳定材料基层

以石灰为结合料，通过加水与被稳定材料共同拌合形成的混合料，包括石灰碎石土、石灰土等称石灰稳定材料。所做成的基层称石灰土基层（底基层）。石灰稳定材料适用于各级公路的底基层，以及二级和二级以下公路的基层，但石灰土不得用作二级公路的基层。

（一）石灰稳定材料路面基层的强度形成原理

在土中掺入适量的石灰，并在最佳含水率下拌匀压实，使石灰与土发生一系列的物理、化学作用，从而使土的性质发生根本的变化。一般分4个方面，第一是离子交换作用；第二是结晶硬化作用；第三是火山灰作用；第四是碳酸化作用。

1. 离子交换作用

土的微小颗粒具有一定的胶体性质，其一般都带有负电荷，表面吸附着一定数量的钠、氢、钾等低价阳离子（Na^+、H^+、K^+）。石灰是一种强电解质，在土加入石灰和水后，石灰在溶液中电离出来的钙离子（Ca^{2+}）就与土中的钠、氢、钾离子产生离子交换作用，原来的钠（钾）土变成钙土，土颗粒表面所吸附的离子由一价变成了二价，减少了土颗粒表面吸附水膜的厚度，使土粒相互之间更为接近，分子引力随着增加，许多单个土粒聚成小团粒，组成一个稳定结构。

2. 结晶硬化作用

在石灰土中只有一部分熟石灰 $Ca(OH)_2$ 进行离子交换作用，绝大部分饱和的 $Ca(OH)_2$ 自行结晶。熟石灰与水作用生成熟石灰结晶网格，其化学反应式为

$$Ca(OH)_2 + nH_2O \rightarrow Ca(OH)_2 \cdot nH_2O$$

3. 火山灰作用

熟石灰的游离 Ca^{2+} 与土中的活性氧化硅 SiO_2 和氧化铝 Al_2O_3 作用生成含水的硅酸钙和铝酸钙的化学反应就是火山灰作用，其反应式为

$$xCa(OH)_2 + SiO_2 + nH_2O \rightarrow xCaO \cdot SiO_2(n+1)H_2O$$

$$xCa(OH)_2 + Al_2O_3 + nH_2O \rightarrow xCaO \cdot Al_2O_3(n+1)H_2O$$

上述所形成的熟石灰结晶网格和含水的硅酸钙和铝酸钙结晶都是胶凝物质，其具有水硬性并能在固体和水两相环境下发生硬化。这些胶凝物质在土微粒团外围形成一层稳定保护膜，填充颗粒空隙，使颗粒之间产生结合料，减少了颗粒之间的空

隙与透水性，同时提高密实度，这是石灰土获得强度和水稳定性的基本原因，但这种作用比较缓慢。

4．碳酸化作用

在土中的 $Ca(OH)_2$ 与空气中的二氧化碳作用，其化学反应式为

$$Ca(OH)_2 + CO_2 \rightarrow CaCO_3 + H_2O$$

$CaCO_3$ 是坚硬的结晶体，其生成的复杂盐类把土粒胶结起来，从而大大提高了土的强度和整体性。

由于石灰与土发生了一系列的相互作用，从而使土的性质发生了根本的改变。在初期，主要表现为土的结团、塑性降低、最佳含水率增加和最大密实度减少等，后期主要表现为结晶结构的形成，从而提高其板体性、强度和稳定性。

（二）影响石灰稳定材料路面基层强度的因素

1．土质

各种成因的土都可以用石灰来稳定，但生产实践说明，黏性土较好，其稳定的效果显著，强度也高。采用的土质，既要考虑其强度，还要考虑到施工时易于粉碎便于碾压成型。塑性指数为15～20的黏性土以及含有一定数量黏性土的中粒土和粗粒土均适宜于用石灰稳定。塑性指数偏大的黏性土，要加强粉碎，粉碎后，土块的最大尺寸不应大于15mm。塑性指数在10以下的粉质砂土和砂土用石灰稳定时，应采取适当的措施或采用水泥稳定。硫酸盐含量超过0.8%或有机质含量超过10%的土，不宜用石灰稳定。石灰稳定土用作高速公路和一级公路的底基层时，颗粒的最大粒径不应超过37.5mm，用作其他等级公路的底基层时，颗粒的最大粒径不应超过53mm，石灰稳定土用作基层时，颗粒的最大粒径不应超过37.5mm。

2．灰质

石灰技术指标应符合表3-2、表3-3的规定。高速公路、一级公路用石灰应不低于Ⅱ级技术要求，二级公路用石灰应不低于Ⅲ级技术要求，二级以下公路用石灰应不低于Ⅲ级技术要求。高速公路、一级公路的路面基层宜采用磨细消石灰。二级以下公路使用等外石灰时，有效氧化钙含量应在20%以上，且混合料强度应满足要求。应尽量缩短石灰的存放时间。石灰在野外堆放时间较长时，应覆盖防潮。对于高速公路和一级公路，宜采用磨细生石灰粉。

表4-2　生石灰粉技术标准

项目	钙质生石灰			镁质生石灰			试验方法
	I	II	III	I	II	III	
有效（CaO+MgO）含量/%	≥85	≥80	≥70	≥80	≥75	≥65	TO813
未消化残渣含量/%	≤7	≤11	≤17	≤10	≤14	≤20	T0815
钙镁石灰的分类界限、MgO含量/%	≤5			>5			TO812

表4-3　消石灰粉技术标准

项目		钙质消石灰			镁质消石灰			试验方法
		I	II	III	I	II	III	
有效（CaO+MgO）含量/%		≥65	≥60	≥55	≥60	≥55	≥50	T0813
含水率/%		≤4	≤4	≤4	≤4	≤4	≤4	T0801
细度	0.9mmn方孔筛筛余/%	0	≤1	≤1	0	≤1	≤1	T0814
	0.125mm方孔筛筛余/%	≤13	≤20	—	≤13	≤20	—	T0814
钙镁石灰的分类界限、MgO含量/%		≤4			>4			T0812

3．石灰剂量

石灰剂量是石灰质量占全部土颗粒的干质量的百分率，即石灰剂量=石灰质量/干土质量。石灰剂量对石灰土强度影响显著，石灰剂量较低（小于4%）时，石灰主要起稳定作用，土的塑性、膨胀、吸水量减小，使土的密实度、强度得到改善。随着剂量的增加，强度和稳定性均提高，但剂量超过一定范围时，强度反而降低。生产实践中常用的最佳剂量范围，对于黏性土及粉性土为8%～14%；对砂性土则为9%～16%。剂量的确定应根据结构层技术要求进行混合料组成设计。

4．含水率。

水是石灰土的重要组成部分。水促使石灰土发生物理化学变化，形成强度，便于土的粉碎、拌合与压实，并且有利于养生。不同土质的石灰土有不同的最佳含水率，需通过标准击实试验确定，并用以控制施工中的实际加水量。凡饮用水（含牲畜饮用水）均可用于石灰土施工。

5．密实度

石灰土的强度随密实度的增加而增长。实践证明，石灰土的密实度每增减1%，强度约增减4%。而密实的石灰土，其抗冻性、水稳定性也好，缩裂现象也少。

6. 石灰土的龄期

石灰土强度具有随龄期增长的特点。一般石灰土初期强度低，前期（1～2个月）增长速率较后期为快。

7. 养生条件

养生条件主要指温度与湿度。养生条件不同，其强度也有差异。当温度高时，物理化学反应、硬化、强度增长快，反之强度增长慢，在负温条件下甚至不增长。因此，要求施工期的最低温度应在5℃以上，并在第一次重冰冻（-5℃～-3℃）到来之前1～1.5个月完成。

（三）石灰稳定材料路面基层的缩裂防治措施

①控制压实含水率：石灰稳定土因含水率过多产生的干缩裂缝显著，因而压实时含水率一定不要大于最佳含水率，其含水率应略小于最佳含水率。

②严格控制压实标准：实践证明，压实度小时产生的干缩要比压实度大时严重，因此应尽可能达到最大压实度。

③温缩的最不利季节是材料处于最佳含水率附近，而且温度为10℃～-0℃时。因此施工要在当地气温进入0℃前一个月结束，以防在不利季节产生严重温缩。

④干缩的最不利情况是石灰稳定土成型初期，因此，要重视初期养护，保证石灰土表面处于潮湿状况，禁防干晒。

⑤石灰稳定土施工结束后要及早铺筑面层，使石灰土基层含水率不发生大变化，可减轻干缩裂隙。

⑥在石灰稳定土中掺加集料（砂砾、碎石等），使其集料含量为60%～70%，并使混合料满足最佳组成要求，不但提高强度和稳定性，而且具有较好的抗裂性。

⑦基层的缩裂会反射到面层，为了防止基层裂缝的反射，国内外常采取以下措施：

其一，设置联结层。设置沥青碎石或沥青贯入式联结层，是防止反射裂缝的有效措施。

其二，铺筑碎石隔离过渡层。在石灰土与沥青面层之间铺筑厚10～20cm的碎石层或玻璃纤维网格，可减轻反射裂缝出现。

三、水泥稳定材料基层

以水泥为结合料，通过加水与被稳定材料共同拌合形成的混合料，包括水泥稳定级配碎石、水泥稳定级配砾石、水泥稳定石屑、水泥稳定土、水泥稳定砂等称水泥稳定材料。

水泥是水硬性结合料，绝大多数的土类（高塑性黏土和有机质较多的土除外）都可以用水泥来稳定，改善其物理力学性质，适应各种不同的气候条件与水文地质条件。水泥稳定类基层具有良好的整体性、足够的力学强度、抗水性和耐冻性。其初期强度较高，且随龄期增长而增长，所以应用范围很广。

（一）强度形成原理

在利用水泥稳定土的过程中，水泥、土和水之间发生了多种非常复杂的作用，从而使土的性能发生明显的变化。

1. 水泥的水化作用

在水泥稳定土中，首先发生的是水泥自身的水化反应，从而产生出具有胶结能力的水化产物，这是水泥稳定土强度的主要来源。水泥水化生成的水化产物，在土的孔隙中相互交织搭接，将土颗粒包覆连接起来，使土逐渐丧失了原有的塑性等性质，并且随着水化产物的增加，混合料也逐渐坚固起来。

2. 离子交换作用

土中的黏土颗粒由于颗粒细小、比表面积大，因而具有较高的活性，当黏土颗粒与水接触时，黏土颗粒表面通常带有一定量的负电荷，进而吸引周围溶液中的正离子，如 K^+、Na^+ 等，在硅酸盐水泥中，硅酸三钙和硅酸二钙占主要部分，其水化后所生成的氢氧化钙所占的比例也较高，可达水化产物的25%。大量的氢氧化钙溶于水以后，在土中形成了一个富含 Ca^{2+} 的碱性溶液环境。当溶液中富含 Ca^{2+} 时，因为 Ca^{2+} 的电价高于 K^+，Na^+ 等离子，使黏土颗粒之间的距离减小，相互靠拢，导致土的凝聚，从而改变土的塑性，使土具有一定的强度和稳定度。这种作用就称为离子交换作用。

3. 化学激发作用

黏土矿物中的部分 SiO_2 和 Al_2O_3，与溶液中的 Ca^{2+} 进行反应，生成新的矿物，这些矿物主要是硅酸钙和铝酸钙系列，如 $4CaO \cdot 5SiO_2 \cdot 5H_2O$、$4CaO \cdot Al_2O_3 \cdot 19H_2O$、$CaO \cdot Al_2O_3 \cdot 10H_2O$ 等。这些矿物的组成和结构与水泥的水化产物都有很多类似之处，并且同样具有胶凝能力。生成的这些胶结物质包裹着黏土颗粒表面，与水泥的水化产物一起将黏土颗粒凝结成一个整体.因此，氢氧化钙对黏土矿物的激发作用，将进一步提高水泥稳定土的强度和水稳定性。

4. 碳酸化作用

水泥水化生成的 $Ca(OH)_2$，除了可与黏土矿物发生化学反应外，还可以进一步与空气中的 CO_2 发生碳化反应并生成碳酸钙晶体。其反应如下：

$$Ca(OH)_2 + CO_2 + nH_2O = CaCO_3 + (n+1)H_2O$$

碳酸钙生成过程中产生体积膨胀，也可以对土的基体起到填充和加固作用；只是这种作用相对来讲比较弱，并且反应过程缓慢。

（二）影响水泥稳定材料路面基层强度的因素

1. 土质

土的类别和性质是影响水泥稳定土强度的重要因素，各类砂砾土、砂土、粉土和黏土均可用水泥稳定，但稳定效果不同。试验和生产实践证明，用水泥稳定级配良好的碎（砾）石和砂，效果最好，不但强度高，而且水泥用量少；其次是砂性土；再次是粉性土和黏性土；最后是重黏土，难于粉碎和拌合，不宜单独用水泥来稳定。因此，一般要求土的塑性指数不大于17。

2. 水泥的成分和剂量

各种类型的水泥都可以用于稳定土。但试验研究证明，水泥的矿物成分和分散度对其稳定效果有明显影响。对于同一种土，通常情况下硅酸盐水泥的稳定效果好，而铝酸盐水泥较差。在水泥硬化条件相似，矿物成分相同时，随着水泥分散度的增加，其活性程度和硬化能力也有所增大，从而水泥土的强度也大大提高。

水泥剂量以水泥质量占全部粗细土颗粒（砾石、砂粒、粉粒和黏粒）的干质量的百分率表示，即水泥剂量＝水泥质量/干土质量。

水泥土的强度随水泥剂量的增加而增长，但过多的水泥用量，虽获得强度的增加，在经济上却不一定合理，在效果上也不一定显著，且容易开裂。水泥稳定中粒土和粗粒土用作基层时，水泥剂量不宜超过6%。必要时，应首先改善集料的级配，然后用水泥稳定。在只能使用水泥稳定细粒土做基层时或水泥稳定集料的强度要求明显大于规定时，水泥剂量不受此限制。

3. 含水率

含水率对水泥稳定土强度影响很大，当含水率不足时，水泥不能在混合料中完全水化和水解，发挥不了水泥对土的稳定作用，影响强度的形成和提高。同时，含水率小，达不到最佳含水率也影响水泥稳定土的压实度。因此，使含水率达到最佳含水率的同时，也要满足水泥完全水化和水解作用的需要为好水泥正常水化所需的水量约为水泥重的20%，对于砂性土，完全水化达到最高强度的含水率较最佳密度的含水率小；而对于黏性土则相反。

4. 施工工艺过程

水泥、土和水拌合得均匀，且在最佳含水率下充分压实，使之干密度最大，其强度和稳定性就高。水泥土从开始加水拌合到完成压实的延迟时间要尽可能最短，一般在6h以内。若时间过长，则水泥凝结，在碾压时，不但达不到压实度要求，而且会破坏已结硬水泥的胶凝作用，反而使水泥稳定土强度下降。在水泥终凝时间达不到规定要求时，可以使用一定剂量的缓凝剂，但缓凝剂的品种和具体数量应根据试验确定。

水泥稳定土需湿法养生，以满足水泥水化形成强度的需要。养生温度越高，强度增长的越快。因此，要保证水泥稳定土养生的温度和湿度条件。

（三）材料要求

1. 土

凡能被粉碎的土都可用水泥稳定。级配碎石、未筛分碎石、砂砾、碎石土、砂砾土、煤矸石和各种粒状矿渣均适宜用水泥稳定。碎石包括岩石碎石、矿渣碎石、破碎砾石等。碎石或砾石的压碎值对于高速公路和一级公路应不大于30%，对二级和二级以下公路用作基层时应不大于35%，用作底基层时应不大于40%。有机质含量超过2%的土，必须先用石灰进行处理，闷料一夜后再用水泥稳定；硫酸盐含量超过0.25%的土，不应用水泥稳定。

2. 水泥

普通硅酸盐水泥、矿渣硅酸盐水泥或火山灰质硅酸盐水泥都可以用于稳定土，但应选用初凝时间3 h以上和终凝时间较长（宜在6h～10h）的水泥。早强、快硬及受潮变质的水泥不应使用。宜采用强度等级低的，如32.5级或42.5级水泥。

3. 水

凡是饮用水（含牲畜饮用水）均可用于水泥稳定土施工。

（四）水泥稳定材料组成设计

无机结合料稳定材料设计流程如图3-1所示，原材料检验应包括结合料、被稳定材料及其他相关材料，所有检测指标均应满足相关设计标准或技术文件的要求。

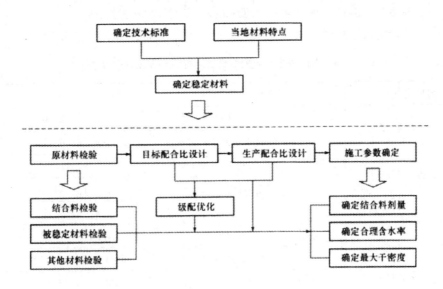

图3-1 无机结合料稳定材料设计流程

目标配合比设计应包括下列技术内容：①选择级配范围；②确定结合料类型及掺配比例；③验证混合料相关的设计及施工技术指标。

生产配合比设计应包括下列技术内容：①确定料仓供料比例；②确定水泥稳定材料的容许延迟时间；③确定结合料剂量的标定曲线；④确定混合料的最佳含水率、最大干密度

施工参数确定应包括下列技术内容：①确定施工中结合料的剂量；②确定施工合理含水率及最大干密度；③验证混合料强度技术指标。确定无机结合料稳定材料最大干密度指标时宜采用重型击实方法或振动压实方法。

第一，强度和压实度标准。

各级公路用水泥稳定土的7d浸水抗压强度应符合表3-4规定的强度标准，通过试验选取最适宜稳定的土，确定必需的水泥剂量和混合料的最佳含水率，在需要改善混合料的物理力学性质时，还应确定掺加料的比例。

表3-4　水泥稳定材料的7d龄期无侧限抗压强度标准 R_d

单位：MPa

结构层	公路等级	极重、特重交通	重交通	中、轻交通
基层	高速公路、一级公路	5.～7.0	4.0～6.0	3.0～5.0
	二级及以下公路	4.0～6.0	3.0～5.0	2.0～4.0
底基层	高速公路、一级公路	3.0～5.0	2.5～4.5	2.0～4.0
	二级及以下公路	2.5～4.5	2.0～4.0	1.0～3.0

注：公路等级或交通等级或结构安全性要求高时，推荐取上限强度标准。

第二，分别按表3-5水泥剂量制备同一种土样、不同水泥剂量的混合料。

表3-5　水泥稳定材料配合比试验推荐水泥试验剂量表

被稳定材料	条件		推荐试验剂量/%
有级配的碎石或砾石	基层	Rd≥5.0MPa	5、6、7、8、9
		R_d＜5.0MPa	3、4、5、6、7
土、砂、石屑等		塑性指数＜12	5、7、9、11、13
		塑性指数≥12	8、10、12、14、16
有级配的碎石或砾石	底基层	—	3、4、5、6、7
土、砂、石屑等		塑性指数＜12	4、5、6、7、8
		塑性指数≥12	6、8、10、12、14
碾压贫混凝土	基层	—	7、8.5、10、11.5、13

第三，确定最佳含水率和最大干压实密度。至少应做三个不同水泥剂量混合料的击实试验，即最小剂量、中间剂量和最大剂量。其他两个剂量混合料的最佳含水率和最大干密度用内插法确定。按规定压实度分别计算不同水泥剂量的试件应有的

干密度。

第四，按最佳含水率和计算得到的干密度制试件。进行强度试验时，作为平行试验的最少试件数量应不小于表3-6的规定。试件在规定温度下保湿养生6d，浸水24h后，按《公路工程无机结合料稳定材料试验规程》（JTG E51—2009）进行无侧限抗压强度试验。

第五，计算试验结果的平均值和偏差系数。如试验结果的偏差系数大于表中规定的值，则应重做试验，并找出原因，加以解决。如不能降低偏差系数，则应增加试件数量。根据表3-5强度标准选定合适的水泥剂量，此剂量试件室内试验结果的平均抗压强度，应符合公式（3-1）的要求：

$$强度代表值\ R_d^0 = R \cdot \left(1 - Z_a C_v\right) \geqslant R_d \qquad (3\text{-}1)$$

式中：R_d——设计抗压强度；

C_v——试验结果的偏差系数；

Z_a——标准正态分布表中随保证率（或置信度 α）而变的系数，重交通道路应取保证率95%，此时 $Z_a = 1.645$；其他道路可取保证率为90%，即 $Z_a = 1.282$。

工地实际采用的水泥剂量应比室内试验确定剂量多0.5%～1.0%。

表3-6　平行试验的最少试件数量

单位：件

材料类型	变异系数要求		
	>10%	10%～15%	15%～20%
细粒材料	6	9	
中粒材料	6	9	13
粗粒材料		9	13

水泥的最小剂量应符合表3-7的规定。

表3-7　水泥的最小剂量

单位：%

被稳定材料类型	路拌法	集中厂拌法
中、粗粒材料	4	3
细粒材料	5	4

（五）水泥稳定材料施工（路拌法）

水泥稳定材料人工路拌法施工的工艺流程如图3-2所示。

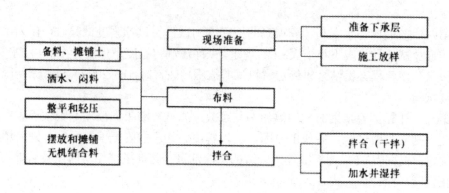

图3-2　水泥稳定材料人工路拌法施工的工艺流程

1．下承层准备

按下承层的有关检验标准进行复检，凡不合格的路段应进行整修，使其达到标准，下承层表面应平整、坚实、具有规定的路拱，没有任何松散和软弱地点。

2．施工放样

在底基层或老路面或土基上恢复中线，直线段每15～20m设一桩，平曲线段每10～15m设一桩，并在两侧路肩边缘外设指示桩。在两侧指示桩上用明显标记标出水泥稳定土层边缘的设计高。

3．备料

根据各路段水泥稳定土层的宽度、厚度及预定的干密度，计算各路段需要的干燥土的数量。根据料场土的含水率和所用运料车辆的吨位，计算每车料的堆放距离。根据水泥稳定土层的厚度和预定的干密度及水泥剂量，计算每$1m^2$水泥稳定土需要的水泥用量，并确定水泥摆放的纵横间距。在预定堆料的下承层上，在堆料前应先洒水，使其表面湿润，但不应过分潮湿而造成泥泞。

土装车时，应控制每车料的数量基本相等。在同一料场供料的路段内，由远到近将料按上述计算距离卸置于下承层表面的中间或上侧。卸料距离应严格掌握，避免有的路段料不够或过多。料堆每隔一定距离应留一缺口。土在下承层上的堆置时间不应过长。运送土只宜比摊铺土工序提前1～2d。

4．摊铺土

应事先通过试验确定土的松铺系数，将土均匀地摊铺在预定的宽度上，表面应力求平整，并有规定的路拱。

5．洒水闷料

如已整平的土（含粉碎的老路面）含水率过小，应在土层上洒水闷料。洒水应均匀，防止出现局部水分过多的现象。细粒土应经一夜闷料；中粒土和粗粒土，视其中细土含量的多少，可缩短闷料时间。

6．整平和轻压

对人工摊铺的土层整平后，用6～8t两轮压路机碾压1～2遍，使其表面平整，并有一定的压实度。

7．摆放和摊铺水泥

按计算出的每袋水泥的纵横间距，在土层上做安放标记，将水泥当日直接送到摊铺路段，卸在做标记的地点，用刮板将水泥均匀摊开，并注意使每袋水泥的摊铺面积相等。水泥摊铺完后，表面应没有空白位置，也没有水泥过分集中的地点。

8．拌合（干拌）

对二级及二级以上公路，应采用稳定土拌合机进行拌合，对于三、四级公路，在没有专用拌合机械的情况下，可用农用旋转耕作机与多铧犁或平地机相配合进行拌合，随时检查拌合深度，拌合深度应达稳定层底并宜侵入下承层5～10mm，以利上下层黏结，严禁在拌合层底部留有素土夹层。通常应拌合两遍以上。

9．加水并湿拌

在上述拌合过程结束时，如果混合料的含水率不足，应用喷管式洒水车（普通洒水车不适宜用作路面施工）补充洒水。洒水后，应再次进行拌合，拌合机械应紧跟在洒水车后面进行拌合，减少水分流失。洒水及拌合过程中，应及时检查混合料的含水率。含水率宜略大于最佳值。混合料拌合均匀后应色泽一致，没有灰条、灰团和花面，即无明显粗细集料离析现象，且水分合适和均匀。

10．整型

混合料拌合均匀后，应立即用平地初步整型。在直线段，平地机由两侧向路中心进行刮平；在平曲线段，平地机由内则向外侧进行刮平。需要时再返回刮一遍。

11．碾压

整型后，当混合料的含水率为最佳含水率（±1%～±2%）时，立即用轻型压路机并配合12t以上压路机在全宽范围内碾压。碾压过程中，无机结合料稳定材料的表面应始终保持湿润，水分蒸发过快时，宜及时补洒少量的水，严禁大量洒水。碾压过程中，有"弹簧"、松散、起皮等现象时，应及时翻开重新拌合或用其他方法处理。在碾压结束前，应用平地机终平一次，纵坡、路拱和超高应符合设计要求。终平时，应将局部高出部分刮除并扫出路外；对局部低洼之处，不再找补。碾压应达到要求的压实度，并没有明显的轮迹。

12．接缝处理。

（1）横向接缝处理

同日施工的两工作段的衔接处，应搭接拌合，即先施工的前一段尾部留5～8m不进行碾压，待第二段施工时，对前段留下未压部分要再加部分水泥重新拌合，并与第二段一起碾压。注意每天最后一段末端缝（工作缝）的处理，工作缝应呈直线，而且上下垂直。经过摊铺整型的水泥稳定碎石当天应全部压实，不留尾巴。第二天铺筑时为了使已压成型的稳定边缘不致遭受破坏，应用方木（厚度与其压实后厚度相同）保护，碾压前将方木提出，用混合料回填并整平。

混合料摊铺时，应保持连续。对水泥稳定材料，因故中断时间大于2h时，应设置横向接缝，并应符合下列规定：人工将末端含水率合适的混合料整齐，紧靠混合料末端放两根方木，方木的高度应与混合料的压实厚度相同，整平紧靠方木的混合料。方木的另一侧用砾石或碎石回填约3m长，其高度应高出方木2～3cm，并碾压密实。在重新开始摊铺混合料之前，应将砾石或碎石和方木除去，并将下承层顶面清扫干净。

摊铺中断大于2h且未按上述方法处理横向接缝时，应将摊铺机附近及其下面未经压实的混合料铲除，并将已碾压密实且高程和平整度符合要求的末端挖成与路中心线垂直并垂直向下的断面，再摊铺新的混合料。

（2）纵向接缝处理

水泥稳定材料层的施工应避免纵向接缝。分两幅施工时，纵缝应垂直相接，并应符合下列规定：前一幅施工时，在靠中央一侧应用与稳定材料层的压实厚度相同的方木或钢模板做支撑。混合料拌合结束后，靠近支撑的部分，应人工补充拌合，再整形和碾压。应在铺筑后一幅之前拆除支撑。后一幅混合料拌合结束后，靠近前一幅的部分，宜人工补充拌合，再整形和碾压。

13．养生及交通管制

每一段碾压完成后并经压实度检查合格后，应立即开始养生。在整个养生期间都应使水泥稳定碎石层保持潮湿状态，养生结束后，必须将覆盖物清除干净。养生期不宜少于7d，养生期宜延长至上层结构开始施工的前2d。

养生可采取洒水养生、薄膜覆盖养生、土工布覆盖养生、铺设湿砂养生、草帘覆盖养生、洒铺乳化沥青养生等方式，宜结合工程实际情况选择适宜的养生方法。

洒水养生宜作为水泥稳定材料的基本养生方式，并应符合下列规定：每天洒水次数应视气候而定。高温期施工，宜上午、下午各洒水2次。

薄膜覆盖养生应符合下列规定：混合料摊铺碾压成型后，可覆盖薄膜，薄膜厚度宜不小于1mm。薄膜之间应搭接完整，避免漏缝，薄膜覆盖后应用砂土等材料呈网格状堆填，局部薄膜破损时，应及时更换。养生至上层结构层施工前1～2d，方可将薄膜掀开对蒸发量较大的地区或养生时间大于15d的工程，在养生过程中应适当补水。薄膜覆盖养生是缺水地区常用的一种养生方式，甚至在我国南方地区也使用。

养生期间应封闭交通，除洒水车和小型通勤车辆外严禁其他车辆通行。

无机结合稳定材料层过冬时应采取必要的保护措施。无机结合料稳定材料养生7d后，施工需要通行重型货车时，应有专人指挥，按规定的车道行驶，且车速应不大于30km/h。对高速公路和一级公路，无施工便道不应施工。

为保证无机结合料稳定材料的质量，防止低温损伤，需要合理安排基层施工时间，避免基层暴露过冬或者采取必要的处置措施。对于不得已需要直接暴露过冬的水泥稳定材料，应采取其上覆盖100～200mm的砂土保护层等措施。

第五节 沥青稳定土路面基层

一、概述

将土粉碎，用沥青（液体石油沥青、煤沥青、乳化沥青、沥青膏浆等）为结合料，将其与土拌合均匀，摊铺平整，碾压密实成型的基层称为沥青稳定土基层。

各种土都有可能用液体沥青来稳定。当采用较黏稠的沥青稳定时，只有低黏性的土（粉质砂土、轻粉质砂土等）才能取得良好的效果。黏性较大的土用黏稠沥青稳定时由于沥青难于均匀分布于土中，因而其稳定效果较差。对于黏性较大的土可采用综合稳定的方法，即在掺加沥青之前往土中掺加少量活化剂，可取得显著的稳定效果。例如，对于粉质黏土，先用少量石灰处治（<2%），不仅土团易于粉碎并易于拌合，且有利于强度的形成与水稳性的提高。国外有些国家利用沥青乳液稳定砂性土取得了良好的效果。

沥青稳定土存在着一些缺点，如结合料与土粒表面黏着力不大、内聚力不大，因此液体沥青稳定土的特征是强度形成较慢，并且随着土含水率的增加，强度会显著下降。由于用液体沥青稳定的土，特别是稳定重粉质黏土类土和黏土类土，没有足够的水稳性，所以在湿度较大的地区不宜使用。用液体沥青稳定砂土的效果也差，因为得不到良好的结合。用液体沥青和煤沥青稳定土的另一缺点是，当土的含水率大于最佳含水率时和温度低于15℃时，土和结合料不能很好地拌合和压实。即使在良好的气候条件下，其形成时间亦很长。

二、沥青稳定土基层施工工艺

制备沥青土的结合料，通常采用的是慢凝液体石油沥青和低标号煤沥青。液体石油沥青的标号应根据当地气温，施工条件、土类等确定，一般沥青的黏滞度越高，其内聚力越大，其稳定土的物理—力学性质也就越好。但是，沥青黏滞度的选择应与工艺条件联系起来考虑。

用煤沥青来稳定土比石油沥青更有效。因为煤沥青中表面活性化合物的含量较大，而成分中既有苯酚、甲酸和二甲苯酚等酸性化合物，又有有机碱类的氮化物。所以煤沥青加固无碳酸盐或表面上有 Ca^{2+}，Mg^{2+} 离子和其他多价离子的土时，都能够发生化学吸附作用。但是煤沥青中含有的这些物质对加固盐渍土是不利的。

由于液体沥青消耗了大量有工业价值的轻质油分，且强度形成缓慢，故有些国家常采用乳化沥青为沥青土的结合料。由于从乳液中分离出来的沥青薄膜与土黏结较好，且沥青黏度高，故具有较高强度与水稳性，乳化沥青特别适用于干旱地区，此时乳化沥青中的水分可以作为最佳含水率的一部分。使用乳化沥青时要求较高的气温，这样水分蒸发快，强度成型期短。当使用回配的快凝液体沥青时，由于蒸发速度太快，在炎热的季节里，不宜采用。

沥青膏浆比较适用于稳定砂性土，使其具有较好的整体性。对于黏性土，可用机械对土与沥青膏浆进行强力浆拌，然后铺在路上碾压成型。

沥青土基层施工工艺的关键在于拌合与碾压。结合料采用液体石油沥青或低标号煤沥青时，一般采用热油冷料，油温120℃～160℃。结合料采用乳化沥青或沥青膏浆时，则用冷油冷料。沥青土混合料的拌合有人工与机械两种方式。目前国内采用的拌合机有间歇式与连续式两种。沥青土最好用轮胎式压路机碾压。采用钢轮压路机时，可选用轻型或中型，只压一遍即可，多压时可能出现裂缝或推移。碾压后过2～3d复压1～2遍效果较好。如先用钢轮压一遍再用胎轮压几遍，平整度与密实度都较好。此外，必须加强初期养护以加速路面成型。

第六节　道路路面基层的施工质量控制和检查

一、道路路面基层的试验项目与评定

路面基层和底基层材料（特别是无机结合料稳定材料）的质量控制是路面结构整体质量控制的关键环节，强化这些材料的质量控制手段和标准是减少路面早期病害，改善路面使用性能，延长使用寿命的必要条件。

质量控制的关键在于建立健全全面质量管理体系。质量管理体系应包括质量管理和质量控制两方面内容，其中质量管理应包括对人员的管理、原材料的管理、设备的管理以及质量问题的处理措施等要素。质量控制应实现对混合料配合比设计阶段、施工阶段的全过程控制。

在施工前以及在施工过程中，原材料或混合料发生变化时，应检验拟用作基层和底基层的土，应按表3-8所列试验项目和要求检测评定。

表3-8　层和底基层用土试验项目和要求

项次	试验项目	目的	频度	试验方法
1	含水率	确定原始含水率	每天使用前测2个样品	T0801/T0803
2	液限、塑限	求塑性指数，审定是否符合规定	每种土使用前测2个样品，使用过程中每2000m³测2个样品	T0118/T0119

续表

项次	试验项目	目的	频度	试验方法
3	颗粒分析	确定级配是否符合要求，确定材料配合比	每种土使用前测2个样品，使用过程中每20mm³测2个样品	T0115
4	有机质和硫酸盐含量	确定土是否适宜于用石灰或水泥稳定	对土有怀疑时做此试验	TOI51/T0153

用作基层和底基层的碎石、砾石等粗集料，应按表3-9所列试验项目和要求检测评定。

表3-9　基层和底基层用碎石、砾石试验项目和要求

项次	试验项目	目的	频度	试验方法
1	含水率	确定原始含水率	每天使用前测2个样品	TO801/T0803
2	级配	确定级配是否符合要求，确定材料配合比	每档碎石使用前测2个样品，使用过程中每2000m³测2个样品	T0303
3	液限、塑限	求塑性指数，审定是否符合规定	每种材料使用前测2个样品，使用过程中每2000m³测2个样品	T0118/T0119
4	毛体积相对密度、吸水率	评定粒料质量，计算固体体积率	使用前测2个样品，砾石使用过程中每2000m³测2个样品，碎石种类变化重做2个样品	T0304/T0308
5	压碎值	评定石料的抗压碎能力是否符合要求		T0316
6	粉尘含量	评定石料质量		TO310
7	针片状颗粒含量	评定石料质量		T0312
8	软石含量	评定石料质量		TO320

用作基层和底基层的细集料，应按表3-10所列试验项目和要求检测评定。

表3-10　基层和底基层用细集料试验项目和要求

项次	试验项目	目的	频度	试验方法
1	含水率	确定原始含水率	每天使用前测2个样品	T0801/T0803
2	级配	确定级配是否符合要求，确定材料配合比	每档材料使用前测2个样品，使用过程中每2000m³测2个样品	T0327
3	液限、塑限	求塑性指数，审定是否符合规定	每种细集料使用前测2个样品，使用过程中每2000m³测2个样品	T0118/T0119
4	毛体积相对密度、吸水率	评定粒料质量，计算固体体积率	使用前测2个样品，使用过程中每2000m³测2个样品	T0328/T0352
5	有机质和硫酸盐含量	确定是否适宜于用石灰或水泥稳定	有怀疑时做此试验	T0151/T0341

用作基层和底基层的水泥，应按表3-11所列试验项目和要求检测评定。

表3-11　基层和底基层用水泥试验项目和要求

项次	试验项目	目的	频度	试验方法
1	水泥强度等级和初、终凝时间	确定水泥的质量是否适宜应用	做材料组成设计时测1个样品，料源或强度等级变化时重测	TO505/T0506

用作基层和底基层的粉煤灰，应按表3-12所列试验项目和要求检测评定。

表3-12　基层和底基层用粉煤灰试验项目和要求

项次	试验项目	目的	频度	试验方法
1	含水率	确定原始含水率	每天使用前测2个样品	T0801/T0803
2	烧失量	确定粉煤灰是否适用	做材料组成设计前测2个样品	TO817
3	细度	确定粉煤灰质量	做材料组成设计前测2个样品	T0818
4	二氧化硅等氧化物含量	确定粉煤灰质量	每天使用前测2个样品	T0816

用作基层和底基层的石灰，应按表3-13所列试验项目和要求检测评定。

表3-13　基层和底基层用石灰试验项目和要求

项次	试验项目	目的	频度	试验方法
1	含水率	确定原始含水率	每天使用前测2个样品	T0801/T0803
2	有效钙、镁含量	确定石灰质量	做材料组成设计和生产使用时分别测2个样品，以后每月测2个样品	T0811/T0812/T0813
3	残渣含量	确定石灰质量	做材料组成设计和生产使用时分别测2个样品，以后每月测2个样品	T0815

初步确定使用的基层和底基层混合料，包括非整体性材料，应按表3-14所列试验项目和要求检测评定。

表3-14　基层和底基层混合料试验项目和要求

项次	试验项目	目的	频度	试验方法
1	重型击实试验	最佳含水率和最大干密度	材料发生变化时	T0804
2	承载比(CBR)	确定非整体性材料是否适宜做基层或底基层	材料发生变化时	T0134
3	抗压强度	整体性材料配合比试验及施工期间质量评定	每次配合比试验	TO805
4	延迟时间	确定延迟时间对混合料密度和抗压强度的影响，确定施工允许的延迟时间	水泥品种变化时	T0805
5	绘制EDTA标准曲线	对施工过程中水泥、石灰剂量有效控制	水泥、石灰品种变化时	TO809

二、铺筑试验段

基层和底基层正式施工前，均应铺筑试验段。试验段应设置在生产路段上，长度宜为200～300m。试验段开工前，应符合下列规定：提交完整的目标配合比报告和生产配合比报告。正常施工时所配备的施工机械完全进场，且调试完毕。全部施工人员到位。施工开展前，应对摊铺机、压路机、运输车辆等施工机械的准备情况进行检查，机械的组合、数量、型号应满足招标文件的相关规定。各种机械设备的工作参数应满足国家相关行业规范、标准的要求。

试验段铺筑阶段应对下列关键工序、工艺进行评价：

①拌合设备各档材料的进料比例、速度及精度。

②结合料的进料比例和精度。

③含水率的控制精度。

④松铺系数合理值。

⑤拌合、运输、摊铺和碾压机械的协调和配合。

⑥压实机械的选择和组合，压实的顺序、速度和遍数。

⑦对人工拌合工艺，应确定合适的拌合设备、方法、深度和遍数。

⑧对人工摊铺碾压工艺，应确定适宜的整平和整形机具和方法。

试验段施工后，应及时总结，总结报告应包括下列内容：其一，试验段检测报告；其二，试验段总体效果评价；其三，施工关键参数的推荐值，包括配合比、含水率、松铺系数、碾压工艺等；其四，确定每一作业段的合适长度。

试验段不满足技术要求时，应重新铺设试验段。试验段各项指标合格后，方可正式施工。

三、道路路面基层施工过程检测

施工过程中的质量控制应包括外形尺寸检查及内在质量检验两部分。外形尺寸检查项目、频度和质量标准应符合表3-15的规定。

表3-15　外形尺寸检查项目、频度和质量标准

类别	项目		频度	质量标准	
				高速公路和一级公路	其他公路
底基层	纵断高程/mm		二级及二级以下公路每20m1个点；高速公路和一级公路每20m1个断面，每个断面3～5个点	+5～-15	+5～-20
	厚度/mm	均值	每1500～2000m²6个点	≥-10	≥-12
		单值		≥-25	≥-30
	宽度/mm		每40m1处	>0	>0
	横坡度/%		每100m3处	±0.3	±0.5
	平整度/mm		每200延米2处，每处连续10尺（3m直尺）	≤12	≤15

续表

类别	项目		频度	质量标准	
				高速公路和一级公路	其他公路
基层	纵断高程/mm		二级及二级以下公路每20 m 1个点；高速公路和一级公路每20m1个断面，每个断面3～5个点	+5～-10	+5～-15
	厚度/mm	均值	每1500～2000m²6个点	≥-8	≥-15
		单值		≥-10	≥-20
	宽度/mm		每4 m1处	>0	>0
	横坡度/%		每100m3处	±0.3	±0.5
	平整度/mm		每200 m2处，每处连续10尺（3m直尺）	≤8	≤12
			连续式平整度仪的标准差	≤3.0	—

　　施工过程中的内在质量控制应分为原材料质量控制、拌合质量控制、摊铺及碾压质量控制4部分。对集中厂拌、摊铺机摊铺的施工工艺，应按后场与前场划分。后场质量控制的项目、内容应符合表3-16的规定，实际检测频率应不低于表中的要求，检测结果应满足细则或具体工程的技术要求。

表3-16　施工过程中后场质量控制的关键内容

项次	项目	内容	频度
1	原材料抽检	结合料质量	每批次
		粗、细集料品质	异常时，随时试验
		级配、规格	异常时，随时试验
2	混合料抽检	混合料级配	每2000m²1次
		结合料剂量	每2000m²1次
		混合料最大时密度	每个工日
		含水率	每2000m²1次

　　前场质量控制的项目及内容应符合表3-17的规定，实际检测频率应不低于表中的要求，检测结果应满足细则或具体工程的技术要求。

表3-17　施工过程中前场质量控制的关键内容

项次	项目	内容	频度
1	摊铺目测	是否离析	随时
		粗估含水率状态	随时
2	碾压目测	压实机械是否满足	随时
		碾压组合、次数是否合理	随时
3	压实度检测	含水率	每一作业段检查6次以上
		压实度	每一作业段检查6次以上
4	强度检测	在前场取样成型试件	每一作业段不少于9个
5	钻芯检测		每一作业段不少于9个

应在现场碾压结束后及时检测压实度。压实度检测中，测定的含水率与规定含水率的绝对误差应不大于2%；不满足要求时，应分析原因并采取必要的措施。

无机结合料稳定材料应钻取芯样检验其整体性，并应符合下列规定：无机结合料稳定细粒材料的芯样直径宜为100mm，无机结合料稳定中、粗粒材料的芯样直径应为150mm；采用随机取样方式，不得在现场人为挑选位置，否则评价结果无效；芯样顶面、四周应均匀、致密；芯样的高度应不小于实际摊铺厚度的90%；取不出完整芯样时，应找出实际路段相应的范围，返工处理。

设计强度大于3MPa的水泥稳定材料的完整芯样应切割成标准试件，检测强度，并符合下列规定：标准试件的径高比应为1：1；记录实际养生龄期；根据实际施工情况确定试件强度的评价标准；同一批次强度试验的变异系数应不大于15%；样本量宜不少于9个。

四、道路路面基层的质量合格标准

检查内容应包括工程完工后的外形和质量两方面。外形检查的要求应符合表3-18的规定宜以1km长的路段为单位评定路面结构层质量；采用大流水作业法施工时，以每天完成的段落为评定单位。基层质量合格标准见表4-18。

表3-18　质量合格标准值

工程类别	检查项目	检查数量	标准值	极限低值
无结合料底基层	压实度	6～10处	96%	92%
	弯沉值	每车道40～50个测点	按规定所得的弯沉标准值	—

工程类别	检查项目	检查数量	标准值		极限低值
级配碎石（或砾石）	压实度	6～10处	符合规定		标准值-4%
	颗粒组成	2～3	规定级配范围		
填隙碎石	弯沉值	每车道40～50个测点	按规定所得的弯沉标准值		
	压实度（固体体积率）	6～10处	基层：85%		82%
			底基层：高速和一级公路85%，其他公路83%		82%(80%)
	弯沉值	每车道40～50个测点	按所得的弯沉标准值		—
水泥、石灰、石灰粉煤灰、水泥粉煤灰等稳定细粒材料	压实度	6～10处	基层：符合要求		标准值-4%
			底基层：符合要求		
	水泥或石灰剂量/%	3～6处	设计值		水泥：设计值-1.0% 石灰：设计值-2.0%
水泥、石灰、石灰粉煤灰、水泥粉煤灰等稳定中、粗粒材料	压实度	6～10处	基层：符合要求		标准值-4%
			底基层：符合要求		
	颗粒组成	2～3处	规定级配范围		
	水泥或石灰剂量/%	3～6处	设计值	设计值-1.0%

第四章　城市桥梁工程

第一节　城镇桥梁工程基础知识

一、城市桥梁基本组成

桥梁一般由五大部件和五小部件组成。五大部件是指桥梁承受汽车或其他车辆运输荷载的上部结构与下部结构，是桥梁结构安全的保证，五大部件包括桥跨结构（上部结构）、支座系统、桥墩、桥台、墩台基础。五小部件是指直接与桥梁服务功能有关的部件（桥面构造），包括桥面铺装、防排水系统、栏杆、伸缩缝、灯光照明。

二、桥梁的主要类型

桥梁分类的方式很多，通常从受力特点、建桥材料、适用跨度、施工条件等方面来划分。

（一）按受力特点划分

按受力特点划分一般可分为梁式桥、拱式桥、刚架桥、悬索桥以及组合体系桥五种。

1. **梁式桥**

梁式桥是一种在竖向荷载作用下无水平反力的结构，墩台也仅承受竖向压力。由于外力（恒载和活载）的作用方向与承重结构的轴线接近垂直，故与同样跨径的其他结构体系相比，梁内产生的弯矩最大，通常需用抗弯能力强的材料（钢、木、钢筋混凝土、预应力混凝土等）来建造。

2. **拱式桥**

拱式桥的主要承重结构是拱圈或拱肋。这种结构在竖向荷载作用下，桥墩或桥台将承受水平推力，同时，这种水平推力将显著抵消荷载所引起的在拱圈（或拱肋）内的弯矩作用。墩台不仅要承受竖向压力和弯矩，还要承受很大的水平推力。拱桥的承重结构以受压为主，通常用抗压能力强的圬工材料（砖、石、混凝土）和钢筋混凝土等来建造。

3. 刚架桥

刚架桥的主要承重结构是梁或板和立柱或竖墙整体结合在一起的刚架结构，梁和柱的连接处具有很大的刚性，在竖向荷载作用下，梁部主要受弯，而在柱脚处也具有水平反力，其受力状态介于梁桥和拱桥之间。同样的跨径在相同荷载作用下，刚架桥的正弯矩比梁式桥要小，刚架桥的建筑高度就可以降低。但刚架桥施工比较困难，用普通钢筋混凝土修建，梁柱刚结处易产生裂缝。

4. 悬索桥

悬索桥以悬索为主要承重结构，结构自重较轻，构造简单，受力明确，能以较小的建筑高度经济合理地修建大跨度桥。由于这种桥的结构自重轻，刚度差，在车辆动荷载和风荷载作用下有较大的变形和振动。

5. 组合体系桥

组合体系桥由几个不同体系的结构组合而成，最常见的为连续钢结构组合，梁、拱组合等，斜拉桥也是组合体系桥的一种。

（二）其他分类方式

①按用途划分，有公路桥、铁路桥、公铁两用桥、农用桥、人行桥、运水桥（渡槽）及其他专用桥梁（如通过管路、电缆等）。

②按桥梁全长和跨径的不同分为特大桥、大桥、中桥、小桥。

③按主要承重结构所用的材料来分，有钢筋混凝土桥、预应力混凝土桥、钢桥、钢——混凝土结合梁桥和木桥等。

④按跨越障碍的性质来分，有跨河桥、跨线桥（立体交叉桥）、高架桥和栈桥。

⑤按上部结构的行车道位置分为上承式（桥面结构布置在主要承重结构之上）桥、下承式桥、中承式桥。

三、桥梁工程施工方法分类与选择

（一）桥梁工程基础施工方法

在桥梁工程中，基础工程常用的施工方法有扩大基础、桩基础、沉井基础、管柱基础以及地下连续墙等。

1. 扩大基础

扩大基础又称明挖扩大基础或浅基础，一般采用明挖基坑的方法进行施工，将墩台及上部结构传来的荷载直接传递给较浅的支撑地基。扩大基础施工的顺序是：开挖基坑，对基底进行处理（当地基的承载力不满足设计要求时，需对地基进行加固），然后砌筑砌体或立模、绑扎钢筋、浇筑混凝土。其中，开挖基坑是施工中的一项主要工作，在开挖过程中，必须解决挡土与止水的问题。

当土质坚硬时，对基坑的坑壁可不进行支护，仅按一定坡度进行开挖。在采用土、石围堰或土质疏松的情况下，一般应对开挖后的基坑坑壁进行支护加固，以防止坑壁坍塌。支护的方法有挡板支护加固、混凝土及喷射混凝土加固等。

2. 桩基础

桩是深入土层的柱形构件，其作用是将作用于桩顶以上的荷载传递到土体深处。根据成桩方法的不同，可将桩做如下分类：

（1）沉入桩

沉入桩是将预制桩用锤击或振动法沉入地层至设计要求标高，预制桩包括木桩、混凝土桩和钢桩。沉入桩的施工方法主要有锤击沉入桩、振动沉入桩、静力压力桩、辅助沉桩等。

（2）灌注桩

灌注桩是在现场采用钻孔机械（或人工）将地层钻挖成预定孔径和深度的孔后，将预制成一定形状的钢筋骨架放入孔内，然后在孔内灌入流动的混凝土而形成桩基。水下混凝土多采用垂直导管法灌注。

（3）大直径桩

大直径桩是直径大于等于2.5m的桩。目前，最大桩径已达6m。近年来，大直径桩在桥梁基础中得到广泛应用，结构形式也越来越多样化，除实心桩外，还发展了空心桩；施工方法上不仅有钻孔灌注法，还有预制桩壳钻孔埋置法等。根据桩的受力特点，大直径多做成变截面的形式。

3. 沉井基础

沉井基础是一种断面和刚度均比桩大得多的筒状结构，施工时在现场重复交替构筑并开挖井内土方，使之沉落到预定的地基上。在岸滩或浅水中建造沉井时，可采用"筑岛法"施工；在深水中建造时，则可采用浮式沉井，先将其浮运至预定位置，再进行下沉施工。

4. 管柱基础

管柱基础的施工方法和工艺较复杂，在桥梁工程中较少采用，只有当桥址处水文条件复杂，不宜采用其他基础施工方法时才采用此种基础形式。

管柱基础的施工一般包括管柱预制、围笼拼装浮运和下沉定位、下沉管柱，在管柱底基岩上钻孔，在管柱内安放钢筋笼并灌注水下混凝土等内容。管柱下沉必须要有导向装置，浅水时可用导向架，深水时则用整体围笼。

（二）桥梁工程上部结构的施工方法

一般来说，桥梁工程上部结构的施工方法大致可分为预制安装和现场浇筑两大类，如果情况需要也可采用一些特殊的施工方法。

1. 预制安装法

桥梁上部结构预制安装的施工方法主要有以下几种：

（1）自行式吊车吊装

主要适用于跨径小于30m的简支梁板安装作业。常用的吊装机械有汽车起重机、履带式起重机和轮胎式起重机等，吊装作业时，有单吊和双吊之分。施工现场吊装孔跨内或引道上，应有足够的设置吊装机械的场地，并确保运梁道路畅通。

（2）架桥机安装

架桥机的种类较多，有专用架桥机设备，也有施工人员自行拼装而成的架桥设备。根据架桥机形式的不同，又可分为单导梁、双导梁、斜拉式和悬吊式等。悬臂拼装和逐跨拼装的节段式桥梁也经常采用专用的架桥机设备进行施工。其特点是不受架设孔跨的桥墩高度影响，也不受梁下条件的影响；架设速度快，作业安全度高，对于跨数较多的长大桥梁更具优越性。

（3）跨墩龙门安装

采用此种方法时，可在墩台两侧顺桥向设置轨道，其上安置跨墩的龙吊，将梁体在吊起状态下运到架设地点，安装在预定位置。采用该施工方法时，可将梁的预制场地安排在桥头引道，以缩短运梁距离。桥梁架设地点应平坦，梁体应能沿桥向搬运，桥墩不能太高。

（4）悬臂拼装法

悬臂拼装法现多用于预应力混凝土梁体的施工，其他类型的桥梁也可选用。施工时，可将梁体分节段预制，墩顶附近的块件用其他架设机械安装或现浇，然后以桥墩为对称点，将预制块件沿桥跨方向对称起吊、安装就位后，张拉预应力筋，使悬臂不断接长，直至合拢的施工方法。悬臂拼装法施工速度快，桥梁上、下结构可平行作业，施工时又不影响通航或桥下交通，宜在跨深水、山谷和海上进行施工，并适用于变截面预应力混凝土梁桥。

（5）逐孔拼装法

逐孔拼装法一般适用于节段式预应力混凝土连续梁的施工。在施工的孔跨内搭设落地式支架或采用悬吊式支架时，将节段预制块件按顺序吊放在支架上，然后在预留孔道内穿入预应力筋，对梁施加预应力使其成为整体。

2．现场浇筑法

桥梁上部结构现场浇筑的施工方法主要有以下几种：

（1）固定支架法

多适用于旱地上的钢筋混凝土和预应力混凝土中小跨径连续梁桥的施工。施工时，应先在跨间设置支架，然后安装模板、绑扎钢筋，并进行现场浇筑混凝土。支架按其构造的不同可分为满布式、柱式、梁式和梁柱式等几种类型，按所用材料不同可分为门式支架、扣件式支架、碗扣式支架、贝雷桁片、万能杆件及各种型钢组合构件。支架虽为临时结构，但施工中需承受梁体的大部分恒重，因此，必须有足够的强度和刚度，同时支架的地基要可靠，必要时需对地基进行加固处理。

（2）逐孔现浇法

与固定支架法相似，逐孔现浇施工时，仅在梁的一孔（或二孔）间设置支架，完成后将支架整体转移到下一孔连续施工。

逐孔现浇施工的接头通常设在距桥墩中心约1/5弯矩较小的部位，这种施工方法适用于中小跨径及结构构造比较简单的预应力混凝土桥梁。

（3）移动模架逐孔现浇施工

移动框架逐孔现浇施工是使用不着地移动式的支架和装配式的模板进行连续逐孔现浇施工。移动模架可分为在梁下以支架灯支撑梁体重量的活动支架（支承式）和在桥面上设置的主梁以支撑梁重的移动悬吊模架两种形式。

采用移动模架施工时，施工速度快，机械程度高，且安全可靠，又不会受桥下的影响，能周期循环施工，一般适用于跨径20～50m的预应力混凝土连续梁桥施工，且桥长至少应在500m以上。

（4）顶推法施工

顶推法施工预应力混凝土连续梁桥中使用，是在桥台的后方设置施工场地，分节段浇筑梁体，并用纵向预应力筋将浇筑节段与已完成的梁体连成整体，在梁体前端安装长度为顶推跨径0.7倍左右的钢导梁，然后通过千斤顶水平推力，将梁体向前方顶推出施工场地。重复这些工序即可完成全部梁体的施工。顶推法施工可分为单点顶推和多点顶推两种。

3. 转体施工法

转体施工法可分为平转和竖转两种，多用于拱桥施工，也可用于斜拉桥和刚构桥。这种方法是在岸边立支架（或利用地形）预制半跨桥梁的上部结构，然后借助上、下轴偏心值产生的分力，使两岸半跨桥梁上部结构向桥跨转动，用风缆控制其转速，最后就位合拢。

4. 劲性骨架法方法

以钢骨架作为拱圈的劲性拱架，采用现浇混凝土包裹骨架，最后形成钢筋混凝土拱桥。骨架可采用型钢或钢管等材料制作。

第二节 桥梁工程基本施工技术

一、钢筋混凝土施工技术

（一）钢筋施工

钢筋施工包括钢筋加工、钢筋连接、钢筋骨架和钢筋网的组成与安装等内容。

1. 钢筋加工

钢筋加工有冷拉、冷拔、除锈、调直、下料剪切及弯曲成形。钢筋加工的形状、尺寸应符合设计要求。

（1）钢筋的冷拉

钢筋的冷拉是在常温下对钢筋进行强力拉伸，拉应力超过钢筋的屈服强度，使钢筋产生塑性变形，以达到调直钢筋，提高强度的目的。冷拉钢筋的控制可用控制应力或控制冷拉率的方法。

（2）钢筋的冷拔

钢筋的冷拔是用强力将直径6～8mm的Ⅰ级钢筋在常温下通过特制的钨合金拔丝模，多次拉拔成比原钢筋直径小的钢丝。

（3）钢筋除锈

钢筋除锈一般可以通过以下两个途径：

①大量钢筋除锈可通过钢筋冷拉或钢筋调直机调直完成。

②少量的钢筋局部除锈可采用电动除锈机或人工用钢丝刷、砂盘以及喷砂和酸洗等方法进行。

（4）钢筋调直

钢筋弯制前应先调直。钢筋调直分人工调直和机械调整，宜优先选用机械方法调直。当采用冷拉法进行调直时，HPB300钢筋冷拉率不得大于2%；HRB335、HRB400钢筋冷拉率不得大于1%。

（5）钢筋弯曲

钢筋弯曲是将已调直、切断的钢筋弯曲成所需要的形状。钢筋的弯曲成形方法有手工弯曲和机械弯曲两种。手工弯曲成形设备简单、成形正确；机械弯曲成形可减轻劳动强度、提高工效，但操作时要注意安全。

（6）钢筋切断

钢筋切断是将已调直的钢筋剪切成所需要的长度，分为机械切断和人工切断两种。机械切断常用钢筋切断机，操作时要保证断料正确，钢筋与切断机口要垂直，并严格执行操作规程，确保安全。在切断过程中，如发现钢筋有劈裂、缩头或严重的弯头，必须切除。人工切断常采用手动切断机（用于直径16mm以下的钢筋）、克子（又称踏扣，用于直径6～32mm的钢筋）、断线钳（用于钢丝）等工具。

（二）钢筋连接

1. 钢筋连接方法

钢筋的连接方法主要有绑扎连接、焊接连接、机械连接三种。

（1）绑扎连接

钢筋搭接处，应在中心及两端用20～22号铁丝扎牢。受拉钢筋绑扎连接的搭接长度，应符合；受压钢筋绑扎连接的搭接长度，应取受拉钢筋绑扎连接搭接长度的

0.7倍。

（2）焊接连接

焊接连接的主要方法有闪光对焊、电弧焊、电渣压力焊、电阻点焊等。

第一，闪光对焊。闪光对焊是将两钢筋安放成对接形式，利用电阻热使接触点金属熔化，产生强烈飞溅，形成闪光，迅速施加顶锻力完成的一种压焊方法。主要适用于直径10～40mm的HPB235、HRB335和HRB400级热轧钢筋，直径10～25mm的HRB400级热轧钢筋以及直径10～25mm的余热处理HRB400级钢筋的焊接。

第二，电弧焊。电弧焊是以焊条为一极，钢筋为另一极，利用焊接电流通过产生的电弧进行焊接的一种熔焊方法。

电弧焊包括帮条焊、搭接焊、熔槽帮条焊、坡口焊、窄间缝焊、钢筋与钢板搭接焊、预埋件电弧焊七种形式。

第三，电渣压力焊。电渣压力焊具有电弧焊、电渣焊和压力焊的特点。其焊接过程可分四个阶段：引弧过程——电弧过程——电渣过程——顶压过程。其中电弧和电渣两过程对焊接质量有重要的影响。

第四，电阻点焊。采用点焊的焊接骨架和焊接网片的焊点应符合设计要求。

（3）机械连接

钢筋的机械连接是通过对钢筋接头的套螺纹或镦粗等机械手段，并用套筒连接牢固的一种连接方式。机械连接接头的类型主要有锥螺纹套筒连接、冷镦粗直螺纹套筒连接等。这些机械连接接头多是通过连接件的机械咬合作用或钢筋端面的承压作用，将一根钢筋的力传递至另一根钢筋上。

①锥螺纹套筒连接。锥螺纹套筒连接适用于钢筋混凝土结构的HRB335、HRB400级热轧钢筋的连接施工，但不得用于预应力钢筋的连接。对于直接承受动荷载的结构构件，其接头还应满足抗疲劳性能等设计要求。

②冷镦粗直螺纹套筒连接。常用的冷镦粗直螺纹钢筋接头适用于HRB335级、HRB400级热轧带肋钢筋。用于镦粗的钢筋应符合国家现行标准的要求，套筒与锁母材料宜使用优质碳素结构钢或合金结构钢。

2．钢筋接头设置

①在同一根钢筋上宜少设接头。

②钢筋接头应设在受力较小区段，不宜位于构件的最大弯矩处。

③在任一焊接或绑扎接头长度区段内，同一根钢筋不得有两个接头，在该区段内的受力钢筋，其接头的截面面积占总截面积的百分率应符合规范规定。

④接头末端至钢筋弯起点的距离不得小于钢筋直径的10倍。

⑤施工中钢筋受力分不清受拉、受压的，按受拉办理。

⑥钢筋接头部位横向净距不得小于钢筋直径，且不得小于25mm。

3．钢筋骨架和钢筋网片的组成与安装

施工现场可根据结构情况和现场运输起重条件，先分部预制成钢筋骨架或钢筋网片，入模就位后再焊接或绑扎成整体骨架。为确保分部钢筋骨架具有足够的刚度和稳定性，应在钢筋的部分交叉点处施焊或用辅助钢筋加固。

（1）钢筋骨架的制作和组装

①钢筋骨架的焊接应在坚固的工作台上进行。

②组装时应按设计图纸放大样，放样时应考虑骨架预拱度。简支梁钢筋骨架预拱度应符合设计和规范规定。

③组装时应采取控制焊接局部变形措施。

④骨架接长焊接时，不同直径钢筋的中心线应在同一平面上。

（2）钢筋网片电阻点焊

①当焊接网片的受力钢筋为HPB235级钢筋时，如焊接网片只有一个方向受力，受力主筋与两端的两根横向钢筋的全部交叉点必须焊接；如焊接网片为两个方向受力，则四周边缘的两根钢筋的全部交叉点必须焊接，其余交叉点可间隔焊接或绑、焊相间。

②当焊接网片的受力钢筋为冷拔低碳钢丝，而另一方向的钢筋间距小于100mm时，除受力主筋与两端的两根横向钢筋的全部交叉点必须焊接外，中间部分的焊点距离可增大至250mm。

（3）钢筋现场绑扎

①钢筋的交叉点应采用绑丝绑牢，必要时可辅以点焊。

②钢筋网的外围两行钢筋交叉点应全部扎牢，中间部分交叉点可间隔交错扎牢，但双向受力的钢筋网，钢筋交叉点必须全部扎牢。

③梁和柱的箍筋，除设计有特殊要求外，应与受力钢筋垂直设置；箍筋弯钩叠合处，应位于梁和柱角的受力钢筋处，并错开设置（同一截面上有两个以上箍筋的大截面梁和柱除外）；螺旋形箍筋的起点和终点均应绑扎在纵向钢筋上，有抗扭要求的螺旋形箍筋，钢筋应伸入核心混凝土中。

④矩形柱角部竖向钢筋的弯钩平面与模板面的夹角应为45°；多边形柱角部竖向钢筋弯钩平面应朝向断面中心；圆形柱所有竖向钢筋弯钩平面应朝向圆心，小截面柱当采用插入式振捣器时，弯钩平面与模板面的夹角不得小于15°。

⑤绑扎接头搭接长度范围内的箍筋间距：当钢筋受拉时应小于5d，且不得大于100mm，当钢筋受压时应小于10d，且不得大于200mm。

⑥钢筋骨架的多层钢筋之间，应用短钢筋支垫，确保位置准确。

（4）钢筋的混凝土保护层厚度

钢筋的混凝土保护层厚度，必须符合设计要求。设计无规定时应符合下列规定：

①普通钢筋和预应力直线形钢筋的最小混凝土保护层厚度不得小于钢筋公称直径，后张法构件预应力直线形钢筋不得小于其管道直径的1/2。

②当受拉区主筋的混凝土保护层厚度大于50mm时，应在保护层内设置直径不小于6mm、间距不大于100mm的钢筋网。

③钢筋机械连接件的最小保护层厚度不得小于20mm。

④应在钢筋与模板之间设置垫块，确保钢筋的混凝土保护层厚度，垫块应与钢筋绑扎牢固、错开布置。

（三）混凝土施工

混凝土的施工包括原材料的计量，混凝土的搅拌、运输、浇筑和混凝土养护等内容。

1．原材料计量

各种计量器具应按计量法的规定定期检定，保持计量准确。在混凝土生产过程中，应注意控制原材料的计量偏差。对骨料含水率的检测，每一工作班不应少于一次。雨期施工应增加测定次数，根据骨料实际含水量调整骨料和水的用量。

2．混凝土搅拌、运输和浇筑

（1）混凝土搅拌

混凝土拌合物应均匀，颜色一致，不得有离析和泌水现象，搅拌时间是混凝土拌和时的重要控制参数，使用机械搅拌时，自全部材料装入搅拌机开始搅拌起，至开始卸料时止。

（2）混凝土运输

①混凝土的运输能力应满足混凝土凝结速度和浇筑速度的要求，使浇筑工作不间断。当混凝土拌合物运距较近时，可采用无搅拌器的运输工具运输；当运距较远时，宜采用搅拌运输车运输。

②运送混凝土拌和物的容器或管道应不漏浆、不吸水，内壁光滑平整，能保证卸料及输送畅通。

③混凝土拌合物在运输过程中，应保持均匀性，不产生分层、离析等现象，如出现分层、离析现象，则应对混凝土拌合物进行二次快速搅拌。

④混凝土拌合物运输到浇筑地点后，应按规定检测其坍落度，坍落度应符合设计要求和施工工艺要求。

⑤预拌混凝土在卸料前需要掺加外加剂时，外加剂的掺量应按配合比通知书执行，掺入外加剂后，应快速搅拌，搅拌时间应根据试验确定。

⑥严禁在运输过程中向混凝土拌和物中加水。

⑦采用泵送混凝土时，应保证混凝土泵连续工作，受料斗应有足够的混凝土。泵送间歇时间不宜超过15min。

（3）混凝土浇筑

①混凝土浇筑前的检查。浇筑混凝土前，应检查模板、支架的承载力、刚度、稳定性，检查钢筋及预埋件的位置、规格，并做好记录，符合设计要求后方可浇筑。在原混凝土面上浇筑新混凝土时，相接面应凿毛，并清洗干净，表面湿润但不得有积水。

②混凝土浇筑施工。

其一，混凝土一次浇筑量要适应各施工环节的实际能力，以保证混凝土的连续浇筑。对于大量混凝土浇筑，应事先制定浇筑方案。

其二，混凝土运输、浇筑及间歇的全部时间不应超过混凝土的初凝时间。同一施工段的混凝土应连续浇筑，并应在底层混凝土初凝之前将上一层混凝土浇筑完毕。

其三，采用振捣器振捣混凝土时，每一振点的振捣延续时间，应以使混凝土表面呈现浮浆、不出现气泡和不再沉落为准。

3．混凝土养护

一般混凝土浇筑完成后，应在收浆后尽快予以覆盖和洒水养护。对干硬性混凝土、炎热天气浇筑的混凝土、大面积裸露的混凝土，有条件的可在浇筑完成后立即加设棚罩，待收浆后再予以覆盖和养护。

（1）洒水养护

洒水养护的时间，采用硅酸盐水泥、普通硅酸盐水泥或矿渣硅酸盐水泥的混凝土，不得少于7d。掺用缓凝型外加剂或有抗渗等要求以及高强度的混凝土，不少于14d。使用真空吸水的混凝土，可在保证强度的条件下适当缩短养护时间。采用涂刷薄膜养护剂养护时，养护剂应通过试验确定，并应制定操作工艺。采用塑料膜覆盖养护时，应在混凝土浇筑完成后及时覆盖严密，保证膜内有足够的凝结水。当气温低于5℃时，应采取保温措施，不得对混凝土洒水养护。

（2）蒸汽养护

①用硅酸盐水泥或普通硅酸盐水泥拌制的混凝土，其配制强度应比正常养护时适当提高；用快硬水泥拌制的混凝土不得使用蒸汽养护。

②混凝土浇筑后，应在养护棚内静放后再加温。静放时间：塑性混凝土为2～4h，干硬性混凝土为1h，掺有缓凝型外加剂的为46h。静放环境温度不宜低于10℃。

③硅酸盐水泥、普通水泥拌制的混凝土不宜超过60℃，其他类别水泥拌制的混凝土不宜超过80℃。恒温时间宜通过试验确定。

④升温速度与降温速度应符合规定。

⑤构件出池或撤除保温设施时，表面温度与环境温度之差不宜大于20℃。

⑥用蒸汽养护混凝土外露表面构件时，构件表面应加以覆盖，以防蒸汽凝结水浸洗。

⑦应及时填写蒸汽养护检查测温记录。

二、预应力混凝土工程施工技术

为了弥补混凝土过早出现裂缝的现象，在构件使用（加载）以前，预先给混凝土一个预压力，即在混凝土的受拉区内，用人工加力的方法，将钢筋进行张拉，利用钢筋的回缩力，使混凝土受拉区预先受压力。这种储存下来的预加压力，当构件承受由外荷载产生的拉力时，首先抵消受拉区混凝土中的预压力，然后随荷载增加，才使混凝土受拉，这就限制了混凝土的伸长，延缓或不使裂缝出现，这就叫作预应力混凝土。

预应力混凝土能有效地利用高强度钢材，提高结构的抗裂度和刚度，减小构件的截面尺寸，节省材料，提高结构的耐久性。但是预应力混凝土增加了施工难度，需要专用的施工设备和机具，操作要求严格，技术要求高。其一般适用于大柱网和大跨度结构。

（一）预应力混凝土分类

1. 先张法预应力混凝土

先张法是先张拉预应力钢筋，后浇筑混凝土的预应力混凝土生产方法。这种方法需要专用的生产台座和夹具，以便张拉和临时锚固预应力钢筋，待混凝土达到设计强度后，放松预应力钢筋。

2. 后张法预应力混凝土

后张法是先浇筑混凝土，后张拉预应力筋的预应力混凝土生产方法。这种方法需要预留孔道和专用的锚具，张拉锚固预应力钢筋后要求进行孔道灌浆。

3. 有黏结预应力混凝土

有黏结预应力混凝土是指预应力筋全长均与周围混凝土相黏结。先张法的预应力筋直接浇筑在混凝土内，预应力筋和混凝土是有黏结的；后张法的预应力筋通过孔道灌浆与混凝土形成黏结力，这种方法生产的预应力混凝土也是有黏结的。

4. 无黏结预应力混凝土

无黏结预应力混凝土的预应力筋沿全长与周围混凝土能发生相对滑动。为防止预应力筋腐蚀或与周围混凝土黏结，采用涂油脂和缠绕塑料薄膜等措施生产的预应力混凝土为无黏结预应力混凝土。

5. 预制预应力混凝土

预制预应力混凝土是在预制厂或施工现场进行制作，经运输吊装到设计工作位置，它适宜于大批量生产，质量易于控制，成本较低。

6. 现浇预应力混凝土

现浇预应力混凝土是在设计工作位置支设模板进行制作，它适宜于建造大型和整体预应力混凝土结构。

7. 组合预应力混凝土

组合预应力混凝土是预制和现浇相结合进行制作，预制部分为预应力，而现浇部分则采用非预应力。

（二）预应力混凝土材料

1. 预应力筋

（1）钢丝

预应力混凝土用钢丝应符合《预应力混凝土用钢丝》（GB/T 5223—2014）的要求。

（2）钢绞线

预应力混凝土用钢绞线应符合《预应力混凝土用钢绞线》（GB/T 5224—2003）的要求。预应力混凝土用钢绞线表面不得带有降低钢绞线与混凝土黏结力的润滑剂、油渍等物质，允许有轻微的浮锈，但不得有锈蚀成肉眼可见的麻坑。

（3）精轧螺纹钢筋

精轧螺纹钢筋表面不得有横向裂纹、结疤和机械损伤，钢筋表面允许有不影响力学性能和连接的缺陷。

2. 管道

在桥梁的某些特殊部位，当设计规定时，可采用符合要求的平滑钢管和高密度聚乙烯管。浇筑在混凝土中的管道应具有足够强度和刚度，不允许有漏浆现象，且能按要求传递黏结力。

3. 锚具和连接器

按照锚固方式不同，可分为夹片式（单孔和多孔夹片锚具）、支承式（锹头锚具、螺母锚具）、锥塞式（钢制锥形锚具）和握裹式（挤压锚具、压花锚具等）。

（1）基本要求

①预应力锚具、夹具和连接器应具有可靠的锚固性能、足够的承载能力和良好的适用性，并应符合国家现行标准《预应力筋用锚具、夹具和连接器》（GB/T 14370—2007）和《预应力筋用锚具、夹具和连接器应用技术规程》（JGJ 85—2010）的规定。

②适用于高强度预应力筋的锚具（或连接器），也可以用于较低强度的预应力筋。仅能适用于低强度预应力筋的锚具（或连接器），不得用于高强度预应力筋。

③锚具应满足分级张拉、补张拉和放松预应力的要求。锚固多根预应力筋的锚具，除应有整束张拉的性能外，还宜具有单根张拉的可能性。

④用于后张法的连接器，必须符合锚具的性能要求。

⑤当锚具下的锚垫板要求采用喇叭管时，喇叭管宜选用钢制或铸铁产品。锚垫板应设置足够的螺旋钢筋或网状分布钢筋。

⑥锚垫板与预应力筋（或孔道）在锚固区及其附近应相互垂直。后张构件锚垫板上宜设灌浆孔。

（2）锚具、夹具及连接器进场验收

①锚具、夹具及连接器进场验收时，应按出厂合格证和质量证明书核查其锚固性能类别、型号、规格、数量，确认无误后进行外观检查、硬度检验和静载锚固性能试验。

②验收应分批进行，批次划分时，同一种材料和同一生产工艺条件下生产的产品可列为同一批量。锚具、夹片应以不超过1000套为一个验收批。连接器的每个验收批不宜超过500套。

第一，外观检查。从每批锚具中抽取10%且不少于10套，进行外观质量和外形尺寸检查。所抽取全部样品表面均不得有裂纹，尺寸偏差不能超过产品标准及设计图纸规定的尺寸允许偏差。当有一套不合格时，另取双倍数量的锚具重做检查，如仍有一套不符合要求时，则逐套检查，合格者方可使用。

第二，硬度检验。从每批锚具中抽取5%且不少于5套进行硬度检验。对硬度有要求的零件做硬度试验，对多孔夹片式锚具的夹片，每套至少抽取5片，每个零件测试3点。其硬度应在产品设计要求范围内。有一个零件不合格时，则应另取双倍数量的零件重做检验，仍有一件不合格时，则应对该批产品逐个检查，合格者方可使用。

第三，静载锚固性能试验。对大桥、特大桥等重要工程，当质量证明书不齐全、不正确或质量有疑点时，在通过外观和硬度检验的同批中抽取6套锚具(夹片或连接器)，组成3个预应力筋锚具组装件，由国家或省级质量技术监督部门授权的专业质量检测机构进行静载锚固性能试验。如有一个试件不符合要求时，则应另取双倍数量的锚具（夹具或连接器）重做试验，如仍有一个试件不符合要求时，则该批产品视为不合格

（三）预应力混凝土配制与浇筑

1．预应力混凝土配制

①预应力混凝土应优先采用硅酸盐水泥、普通硅酸盐水泥，不宜使用矿渣硅酸盐水泥，不得使用火山灰质硅酸盐水泥及粉煤灰硅酸盐水泥。粗骨料应采用碎石，其粒径宜为5～25mm。

②混凝土中的水泥用量不宜大于550kg/m^3。

③混凝土中严禁使用含氯化物的外加剂及引气剂或引气型减水剂。

④从各种材料引入混凝土中的氯离子总含量（折合氯化物含量）不宜超过水泥用量的0.06%；超过0.06%时，宜采取掺加阻锈剂、增加保护层厚度、提高混凝土密实度等防锈措施。

2．预应力混凝土浇筑

浇筑混凝土时，对预应力筋锚固区及钢筋密集部位，应加强振捣。对先张构件应避免振动器碰撞预应力筋，对后张构件应避免振动器碰撞预应力筋的管道。

（四）预应力混凝土施工方法

1．基本要求

①预应力筋的张拉控制应力必须符合设计规定。

②预应力筋采用应力控制方法张拉时，应以伸长值进行校核。实际伸长值与理

论伸长值的差值应符合设计要求；设计无规定时，实际伸长值与理论伸长值之差应控制在6%以内，否则应暂停张拉，待查明原因并采取措施后，方可继续张拉。

③预应力张拉时，应先调整到初应力（σ_0），该初应力宜为张拉控制应力（σ_{con}）的10%～15%，伸长值应从初应力时开始测量。

④预应力筋的锚固应在张拉控制应力处于稳定状态下进行，锚固阶段张拉端预应力筋的内缩量，不得大于设计或规范规定。

混凝土预应力的方法有很多，主要有先张法和后张法两种。

2．先张法预应力施工工艺

先张法施工是在浇筑混凝土前张拉预应力筋并将张拉的预应力筋临时固定在台座或钢模上，然后浇筑混凝土，待混凝土达到一定强度（一般不低于设计强度标准值的75%），保证预应力筋与混凝土有足够的黏结力时，放松预应力筋，借助于混凝土与预应力筋的黏结，使混凝土产生预压应力。图4-1为预应力混凝土构件先张法施工示意图。

图4-1（a）为预应力筋张拉时的情况，预应力筋一端用锚固夹具固定在台座上，另一端用张拉机械张拉后也用锚固夹具固定在台座的横梁上。

图4-1（b）为混凝土浇筑及养护阶段，这时只有预应力筋有应力，混凝土没有应力。

图4-1（c）为放松预应力筋后的情况，由于预应力筋和混凝土之间存在黏结力，故在预应力筋弹性回缩时使混凝土产生预压应力。

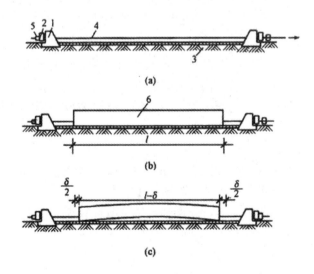

图4-1　预应力混凝土构件先张法施工示意图

（a）预应力筋张拉时；（b）混凝土浇筑及养护阶段；（c）放松预应力筋后的情况
1—台座承力结构；2—横梁；3—台面；4—预应力筋；5—锚固夹具；6—混凝土构件

3．后张法预应力施工工艺

后张法是先制作混凝土构件，并在预应力筋的位置预留出相应孔道，待混凝土强度达到设计规定的数值后，穿入预应力筋进行张拉，并利用锚具把预应力筋锚固，最后进行孔道灌浆。预应力混凝土后张法生产工艺如图4-2所示。

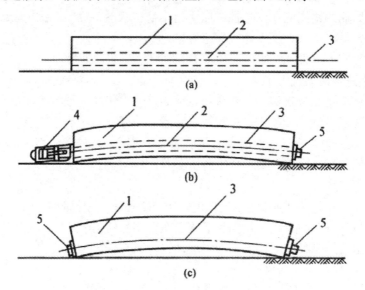

图4-2　预应力混凝土后张法生产工艺示意图

（a）制作混凝土构件；（b）张拉钢筋；（c）锚固和孔道灌浆
1—混凝土构件；2—预留孔道；3—预应力筋；4—千斤顶；5—锚具

后张法施工由于直接在钢筋混凝土构件上进行预应力筋的张拉，所以不需要固定台座设备，不受地点限制，它既适用于预制构件生产，也适用于现场施工大型预应力构件，而且后张法又是预制构件拼装的手段。

后张法施工工艺与预应力施工工艺有关的是孔道留设、预应力筋张拉和孔道灌浆三部分。

（1）孔道留设

构件中留设孔道主要为穿预应力钢筋（束）及张拉锚固后灌浆用。预留孔道形状有直线、曲线和折线形，孔道留设方法如下：

①钢管抽芯法。预先将平直、表面圆滑的钢管埋设在模板内预应力筋孔道位置上。在开始浇筑至浇筑后拔管前，间隔一定时间要缓慢匀速地转动钢管；待混凝土初凝后至终凝之前，用卷扬机匀速拔出钢管即在构件中形成孔道。

②胶管抽芯法胶管采用5～7层帆布夹层，壁厚6～7mm的普通橡胶管，用于直线、曲线或折线孔道成形。

（2）预应力筋张拉

①预应力筋的张拉顺序（图4-3）。预应力筋张拉顺序应按设计规定进行；如设

计无规定时，应采取分批、分阶段对称地进行。

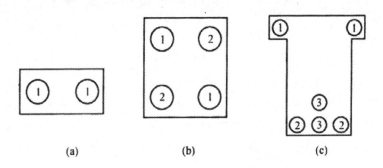

图4-3 预应力筋的张拉顺序

（a）、（b）屋架下弦杆；（c）吊车梁

平卧重叠浇筑的预应力混凝土构件，张拉预应力筋的顺序是先上后下，逐层进行。

②预应力筋张拉端的设置。曲线预应力筋或长度大于等于25m的直线预应力筋，宜在两端张拉；长度小于25m的直线预应力筋，可在一端张拉。

当同一截面中有多束一端张拉的预应力筋时，张拉端宜均匀交错地设置在结构的两端。

③预应力筋张拉程序。预应力筋的张拉程序，主要根据构件类型、张锚体系、松弛损失取值等因素来确定。

④预应力筋的张拉方法。对于曲线预应力筋和长度大于24m的直线预应力筋，应采用两端同时张拉的方法；长度等于或小于24m的直线预应力筋，可一端张拉，但张拉端宜分别设置在构件两端。

（3）孔道灌浆

①预应力筋张拉后，应及时进行孔道压浆，多跨连续有连接器的预应力筋孔道，应张拉完一段灌注一段；孔道压浆宜采用水泥浆，水泥浆的强度应符合设计要求，设计无要求时不得低于30MPa。

②压浆后应从检查孔抽查压浆的密实情况，如有不实，应及时处理。压浆作业，每一工作班应留取不少于3组砂浆试块，标养28d，以其抗压强度作为水泥浆质量的评定依据。

③压浆过程中及压浆后48h内，结构混凝土的温度不得低于5℃，否则应采取保温措施。当白天气温高于35℃时，压浆宜在夜间进行。

④孔道内的水泥浆强度达到设计规定后方可吊移预制构件；设计未要求时，应不低于砂浆设计强度的75%。

第三节 桥面系及附属工程施工

一、桥面系施工

桥面系施工主要包括桥面铺装施工、桥梁伸缩装置施工、桥面防水施工、人行道施工、缘石和挂板施工以及防护设施施工。

（一）桥面铺装层施工

桥面铺装层的作用是实现桥梁的整体化，使各片主梁共同受力，同时为行车提供平整舒适的行车道面。桥面防水层经验收合格后，即可进行桥面铺装层的施工，但在雨天或雨后桥面未干燥时，不能进行桥面铺装层的施工。

1．沥青混合料桥面铺装层施工

在水泥混凝土桥面上铺筑沥青铺装层时，应在桥面防水层上撒布一层沥青石屑保护层，或在防水黏结层上撒布一层石屑保护层，并用轻碾慢压。沥青铺装宜采用双层式，底层宜采用高温稳定性较好的中粒式密级配热拌沥青混合料，表层应采用防滑面层。铺装后宜采用轮胎或钢筒式压路机进行碾压。

2．水泥混凝土桥面铺装层施工

①水泥混凝土桥面铺装层施工时，铺装层的厚度、配筋、混凝土强度等应符合设计要求。结构厚度误差不得超过-20mm。

②铺装层的基面（裸梁或防水层保护层）应粗糙、干净，并于铺装前湿润；铺装层表面应作防滑处理。

3．人行天桥塑胶混合料面层施工

①施工时的环境温度和相对湿度应符合材料产品说明书的要求，风力超过5级（含）、雨天和雨后桥面未干燥时，严禁铺装施工。

②塑胶混合料均应计量准确，严格控制拌和时间。拌和均匀的胶液应及时运到现场铺装。

③塑胶混合料必须采用机械搅拌，应严格控制材料的加热温度和撒布温度。

④人行天桥塑胶铺装宜在桥面全宽度内、两条伸缩缝之间，一次连续完成。

⑤塑胶混合料面层终凝之前严禁行人通行。

（二）桥梁伸缩装置施工

桥梁伸缩装置是指为适应材料胀缩变形对结构的影响，而在桥梁结构的两端设置的间隙，其作用是能使梁体自由伸缩，而且行车还应舒适。

1．桥梁伸缩装置的类型

桥梁伸缩装置分为填充式伸缩装置、齿形钢板伸缩装置、橡胶伸缩装置三种类型。

城市桥梁伸缩装置应具有良好的防水、防噪声性能。

2. 桥梁伸缩装置安装

桥梁伸缩装置安装前应检查修正梁端预留缝的间隙，缝宽应符合设计要求，上下必须贯通，不得堵塞。伸缩装置安装前应对照设计要求、产品说明，对成品进行验收，合格后方可使用。安装伸缩装置时应按安装时气温确定安装定位值，保证设计伸缩量。

（1）填充式伸缩装置安装

填充式伸缩装置安装应符合下列规定：

①预留槽宜为50cm宽、5cm深，安装前预留槽基面和侧面应进行清洗和烘干。

②梁端伸缩缝处应粘固止水密封条。

③填料填充前应在预留槽基面上涂刷底胶，热拌混合料应分层摊铺在槽内并捣实。

④填料顶面应略高于桥面，并撒布一层黑色碎石，用压路机碾压成型。

（2）齿形钢板伸缩装置安装

齿形钢板伸缩装置安装应符合下列规定：

①底层支承角钢应与梁端锚固筋焊接。

②支承角钢与底层钢板焊接时，应采取防止钢板局部变形措施。

③齿形钢板宜采用整块钢板仿形切割成型，经加工后对号入座。

④安装顶部齿形钢板，应按安装时气温经计算确定定位值。齿形钢板与底层钢板端部焊缝应采用间隔跳焊，中部塞孔焊应间隔分层满焊。焊接后齿形钢板与底层钢板应密贴。

⑤齿形钢板伸缩装置宜在梁端伸缩缝处采用U形铝板或橡胶板止水带防水。

（3）橡胶伸缩装置安装

橡胶伸缩装置安装应符合下列规定：

①安装橡胶伸缩装置应尽量避免预压工艺。橡胶伸缩装置在5℃以下气温不宜安装。

②安装前应对伸缩装置预留槽进行修整，使其尺寸、高程符合设计要求。

③锚固螺栓位置应准确，焊接必须牢固。

④伸缩装置安装合格后应及时浇筑两侧过渡段混凝土，并与桥面铺装接顺。每侧混凝土宽度不宜小于0.5m。

（三）桥面防水层施工

桥面防水层应按设计要求设置，主要由垫层、防（隔）水层与保护层三部分组成。其中垫层多做成三角形，以形成桥面横向排水坡度，如图4-4所示。

桥面防水层分为涂膜防水层和卷材防水层两种，防水涂膜和防水卷材均应具有高延伸率、高抗拉强度、良好的弹塑性、耐高温和低温与抗老化性能。

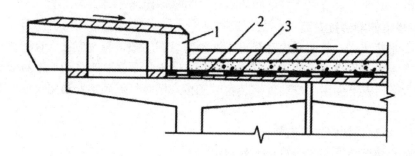

图4-4　防水层示意图

1—缘石；2—现浇混凝土；3—防水层

1．涂膜防水层施工

涂膜防水层也称涂料防水层，是指在混凝土结构表面或垫层上涂刷防水涂料以形成防水层或附加防水层。防水涂料可使用沥青胶结材料或合成树脂、合成橡胶的乳液或溶液。涂膜防水层主要施工方法如下：

①基层处理剂干燥后，方可涂防水涂料，铺贴胎体增强材料。涂膜防水层应与基层黏结牢固。

②涂膜防水层的胎体材料，应顺流水方向搭接，搭接宽度长边不得小于50mm，短边不得小于70mm。上下层胎体搭接缝应错开1/3幅宽。

③下层干燥后，方可进行上层施工。每一涂层应厚度均匀、表面平整。

2．卷材防水层施工

卷材防水层是在混凝土结构表面或垫层上铺贴防水卷材而形成的防水层。卷材防水层所用的卷材应采用耐腐蚀、抗老化的石油沥青油毡、沥青玻璃布油毡、再生胶油毡等。桥面卷材防水层主要施工方法如下：

①胶黏剂应与卷材和基层处理剂相互匹配，进场后应取样检验合格后方可使用。

②基层处理剂干燥后，方可涂胶黏剂，卷材应与基层黏结牢固，各层卷材之间也应相互黏结牢固。卷材铺贴应不皱不折。

③卷材应顺桥方向铺贴，应自边缘最低处开始，顺流水方向搭接，长边搭接宽度宜为70～80mm，短边搭接宽度宜为100mm，上下层搭接缝错开距离不应小于300mm。

（四）桥梁防护设施施工

桥梁防护设施一般包括栏杆、护栏和防护网等。防护设施的施工应在桥梁上部结构混凝土的浇筑支架卸落后进行。其线形应流畅、平顺，伸缩缝必须全部贯通，并与主梁伸缩缝相对应。

1．栏杆

预制混凝土栏杆采用样槽连接时，安装就位后应用硬塞块固定，灌浆固结。塞块拆除时，灌浆材料强度不得低于设计强度的75%。采用金属栏杆时，焊接必须牢固，毛刺应打磨平整，并及时除锈防腐。

2．护栏、防护网

护栏、防护网宜在桥面、人行道铺装完成后安装。

（五）人行道、缘石与挂板施工

1．人行道施工

人行道应在栏杆、地袱完成后施工，且在桥面铺装层施工前完成。人行道下铺设其他设施时，应在其他设施验收合格后，进行人行道铺装。悬臂式人行道构件必须在主梁横向连接或拱上建筑完成后安装。人行道板必须在人行道梁锚固后铺设。

2．缘石和挂板施工

缘石、挂板安装应与梁体连接牢固。挂板安装时，直线段宜每20m设一个控制点，曲线段宜每3～5m设一个控制点，并应采用统一模板控制接缝宽度，确保外形流畅、美观。对于尺寸超差和表面质量有缺陷的挂板不得使用。

二、附属结构施工

（一）梯道施工

梯道即梯形道，是城市竖向规划建设的步行系统，人行梯道按其功能和规模可分为三级：一级梯道为交通枢纽地段的梯道和城市景观性梯道；二级梯道为连接小区间步行交通的梯道；三级梯道为连接组团间步行交通或人户的梯道。

梯道平台和阶梯顶面应平整，不得反坡造成积水。钢结构梯道制造与安装，应符合相关规范规定。梯道每升高1.2～1.5m宜设置休息平台，二、三级梯道连续升高超过5.0m时，除应设置休息平台外，还应设置转折平台，且转折平台的宽度不宜大于梯道宽度。

（二）桥头搭板施工

桥头搭板一般包括现浇桥头搭板和预制桥头搭板两种，施工前，均应保证桥梁伸缩缝贯通、不堵塞，且与地梁、桥台锚固牢固。

预制桥头搭板安装时应在与地梁、桥台接触面铺2～3cm厚水泥砂浆，搭板应安装稳固不翘曲。预制板纵向留灌浆槽，灌浆应饱满，砂浆达到设计强度后方可铺筑路面。

（三）防冲刷结构施工

桥梁防冲刷结构主要包括锥坡、护坡、护岸、海墁及导流坝等，防冲刷结构的基础埋置深度及地基承载力应符合设计要求。锥坡、护坡、护岸、海墁结构厚度应满足设计要求。

干砌护坡时，护坡土基应夯实达到设计要求的压实度。砌筑时应纵横挂线，按线砌筑。需铺设砂砾垫层时，砂粒的粒径不宜大于5cm，含砂量不宜超过40%。施工中应随填随砌，边口处应用较大石块，砌成整齐坚固的封边。

（四）照明设施施工

灯柱通常只在城镇设有人行道的桥梁上设置，灯柱的设置位置有两种：一种是设在人行道上；另一种是设在栏杆立柱上。

1. 设在人行道上的灯柱

人行道上的灯柱布设较为简单，只要在人行道下布埋管线，按设计位置预设灯柱基座，在基座上安装灯柱、灯饰，连接好线路即可。这种布设方法大方、美观、灯光效果好，适用于人行道较宽（大于1m）的情况。但灯柱会减小人行道的宽度，影响行人通过，且要求灯柱布置稍高一些，不能影响行车经过。

2. 设在栏杆立柱上的灯柱

栏杆立柱上的布设稍麻烦一些，电线在人行道下预埋后，还要在立柱内布设线路通至顶部，因立柱既要承受栏杆上传来的荷载，又要承受灯柱的重量，因此带灯柱的立柱要特殊设计和制作。在立柱顶部还要预设灯柱基座，保证其连接牢固。这种布设方法的优点是灯柱不占人行道空间，桥面开阔，但施工、维修较为困难。这种情况一般只适用于安置单火灯柱，灯柱顶部可向桥面内侧弯曲延伸一部分，以保证照明效果。

第五章　城市交通系统

第一节　城市交通系统的知识

城市的形成和演变取决于交通，城市的布局结构、规模大小、生活方式都需要城市交通系统支撑，城市的发展反过来又促进了交通的发展。随着人口的增长、国民经济的高速发展及城市化进程的推进，城市交通需求量急剧增长，交通日趋拥挤、事故频繁，城市交通问题已成为全球范围内的问题。因此，把握城市交通的发展和演变的机理，缓解日趋严重的交通问题，对城市经济发展和人民生活水平的提高起着极其重要的作用。

一、城市客运交通

城市客运交通从交通方式的角度划分，可以分为行人交通、自行车交通、摩托车交通、小汽车交通、公共汽车交通、轨道交通、出租汽车交通及作为公共交通补充的各类班车等，以上各种交通方式又可以概括为公共交通及私人交通两大体系。

（一）城市公共交通

公共交通体系指按规定路线、一定站距及一定发车频率行驶的公共汽车、无轨电车、有轨电车、地铁、轻轨交通等，也有按固定路线和不固定路线行驶、随上随下的小公共汽车及出租车交通等；有水域交通的城市，旅客轮渡与城市短程客航，也属于城市公共交通范畴。各种公共交通方式之间相互配合，为乘客在速度、价格、舒适程度等方面提供更多的选择，更好地满足城市社会经济活动的交通需求。

城市公共交通是城市客运交通系统的主体，沟通着社会生产的各个环节，维系着千家万户的日常生活，担负着每日大量的上下班出行客流运送任务和生活游息出行的客运任务，给城市居民提供优质、高效的出行条件，是城市建设和发展的重要基础之一。政府在制定国民经济和城市建设发展规划时，都必须包括城市公共交通运输的发展规划，以便促进城市公共交通与城市建设同步、协调发展。

城市公共交通规划，应根据城市发展规模、用地布局和道路网规划，在客流预测的基础上，合理确定公共交通方式的地位、车辆数、线路网、换乘枢纽和场站设施用地等指标，并应使公共交通的客运能力满足高峰客流的需求。

（二）自行车交通

自行车交通属于个体交通。自行车交通的特点是行动灵活，路线可随个人意愿任意选择，平均出行距离不太大，按骑行时间来看以20～30min为宜，它的一般速度（在人的体力胜任的条件下）为10～18 km/h。因为可以实现门到门服务，所以是一种比较理想的、近距离的代步交通工具，或作为公共交通的辅助交通工具。在我国城市，大部分用作上下班出行工具或换乘工具，平时或假日也用作生活或游息出行活动的交通工具。

（三）小汽车交通

小汽车交通的特点是快速、舒适，是现代城市优越而能自由行动的一种交通手段。一些工业发达的西方国家，尤其在美国以私人小汽车作为个体交通工具是极为普通的。如果拿小汽车和我国的自行车交通相比，虽同属个体私人交通，但其在速度、舒适性等方面优于后者。但是，在城市的有限空间内行驶这种无限增长的个体交通工具，给城市带来的后果是严重的，主要表现在城市环境的污染、世界能源的消耗。再者小汽车的单位乘客占用车行道（动态净空）面积多达25m²/人，也是极大的浪费，在节约城市空间上是低效的。因此，小汽车也只能是有控制地增长，并有规划地纳入以公共交通为主干的综合城市交通结构中去，以发挥它的优越性。

（四）行人交通

以下情况都属于行人交通：不具备私人交通工具（指小汽车、自行车）或无能力操纵交通工具，也不愿乘公共交通工具；出行目的地近；节假日购物出游无须也不愿乘公交车辆；乘坐公交车辆总行程两端的先导或后续行程（指家门至公交站点或下车后到达目的地的两端行程）长；换乘行程长等。

（五）社会客运交通

社会客运交通即厂矿、企业、机关学校等大、中、小型客车交通。其中，有的是上述各单位的定时班车（一般为定时、定点、行驶间断），有的是厂矿企业在任务空闲时间以收费方式支援城市上下班高峰客流的运送，也有节假日或旅游季节企业一部分客车以营业方式负担客运。所有这些对于协助城市公共交通解决上下班高峰的客流运送，起了一定作用。另外，还有一些大城市（如北京）接运国内外大型参观团、代表团或全国性集会、体育运动集会的客流等都是社会客运交通。但其行驶路线相对固定，从交通流的角度来看，增加了城市交通的负担。

二、城市客运交通结构类型

交通结构随着科技的进步也在不断地变化发展。交通工具从古代社会的马、马车到现代社会的公共汽车、各类电车、小汽车及采用双轨、独轨、导轨、磁悬浮轨道的各类列车，交通网络从地面道路网扩展到地下轨道网络、地上高架道路、高架轨道，形成了立体综合客运交通系统。不同城市的客运交通虽然各有不同，但均可概括为两大类型。

第一类是以运量大的公共交通作为主要客运交通工具的类型，公共交通在这类城市客运结构中处于主导地位，这里的公共交通包括公共汽车、无轨电车、小型公共汽车、地铁、城市铁路、新交通系统等在内的综合客运公共交通。这一类型的城市一般是城市建设密度较大的城市，如日本8个主要城市的公交客运量占总客运量的51.6%，而小汽车只占12.3%。俄罗斯的莫斯科、新加坡及中国的香港地区，城市客运都是以公交为主体。

第二类是以私人小汽车作为城市主要客运交通工具的类型，这一类型的城市建设密度小，公共运营费用昂贵，效率很低。

我国人口众多，城市多数属于密集型，土地资源缺乏，客运交通结构应大力发展以公共交通为主，其他交通形式为辅的形式。不同城市的公共交通方式结构应根据城市规模、用地形状、客流流量和流向、各种公交方式的运载能力、建成区现状、土地利用规划及资金拥有状况，综合考虑社会、经济、交通、环境效益确定。对于中小城市，城市公共交通方式一般采用公共汽车、无轨电车。对于大城市，特别是带状大城市、特大城市，其客流一般较大，而且集中，应考虑采用轻轨、地铁等中运量、大运量公交方式。

近年来，北京、上海、广州等城市，已在加快进行地铁、轻轨等大运量快速交通系统的建设。

三、不同类型城市交通方式优先发展次序

因为不同规模城市居民的平均出行距离不同、平均出行时耗不同、客运交通需求量不同、对不同客运交通方式的需求有很大的差异，所以对各种交通方式的合理结构及优先发展次序自然有不同的要求和选择，但相同规模城市也不一定有完全相同的客运结构。下面简要说明三类不同规模城市的客运交通优先发展次序。

（一）规模大于200万人以上的大城市

规模大于200万人以上的城市，应以大运量的轨道运输方式为骨干（包括地面快速轨道运输、地下轨道、高架道路与轻轨等），同地面公共汽车、无轨电车、小公共汽车、出租汽车、小汽车及各类班车等组成高速的立体化的综合城市客运交通体系，

对自行车出行要适当控制，使其逐步向机动化交通工具转变，同时也要做好步行与自行车交通的统筹规划，使它们能各用其长，各尽其能。在规划时，一般应使公交出行比例占总出行量50%以上，其中轨道客运量比例占总运量的30%以上，如暂时有困难无法实现，应预留轨道线路或网络的用地并争取尽快建成。

（二）规模在50万～200万人的城市

规模在50万～200万人的城市，应以大运量的轨道运输与地面公共汽车、无轨电车共同组成的公共交通系统为主干，同小公共汽车、出租汽车、小汽车、各类班车及自行车等共同组成城市快速、方便的综合客运交通系统，以满足城市居民的出行需求。在规划时，公共交通系统的比例应占50%左右，优先考虑大运量轨道客运系统，并使其客运量比例占20%左右，对于自行车交通方式既要适当控制，又要认真研究做出较长时期的全局规划。

（三）规模在20万～50万人的中等城市

规模在20万～50万人的中等城市，近期应充分发挥自行车交通的优势，与公共汽车、无轨电车、出租车、小汽车、各类班车等共同组成客运交通综合系统，以满足居民的各种出行需求。在规划时，尽可能使公共交通的客运量逐步增长，有条件的城市应使公交客运量的比例达到全市总客运量的20%左右。同时，对于步行与自行车交通应做好预测和全面规划，既不要脱离近期的交通结构的实际状况，又要能满足远期居民更高的要求。

四、客运交通结构的影响因素

不同城市客运交通结构因其交通政策、国民经济发展水平、城市用地布局、交通基础设施及城市自然条件等的影响而各不相同。

（一）交通政策

交通政策对城市客运交通结构有多方面的影响，主要包括国家宏观的交通政策、地方政府的交通政策和经济投资政策的影响。国家制定的交通政策，决定了城市客运交通结构的发展方向；地方政府依据实际的交通状况和经济发展方向所制定的本地区的交通建设发展战略，确保了城市客运交通结构的发展目标，如采取对公共交通的补贴或控制私人小汽车进入市区的收费等政策，以保证公共交通的比例等；政府对某种交通方式的工程建设的投资和贷款予以优惠或限制，会促进或抑制这种交通方式的发展。

（二）国民经济发展水平

建设现代化的城市交通系统，特别是地铁、轻轨等大运量快速交通系统，需要国家投入大量的财力、物力。另外，城市客运交通结构与交通建设投资比例密切相关。西方国家每年用于道路交通建设的投资额很高，占国民经济总产值的1%～3%，而我国用于发展道路交通建设的资金小于国民经济总产值的0.5%，资金不足，很难根据需要达到合理的客运交通结构。

（三）城市用地布局

城市用地规模、形态、功能与用地集中程度都影响着城市交通结构。规模方面，随着城市用地规模增大，居民平均出行距离拉长，必然使步行比例减少、公共交通出行比例增加。用地形态方面，我国城市多为单中心中央集团型布局，中心区公交线网密集，人流、车流多，成为交通最复杂、最繁忙的地带，城市中心区的交通量一般占全国总交通量的30%～35%；而多中心或带状城市中心区的交通量的比例则低很多。用地功能的划分，对出行量的大小、出行距离长短和时间分布也有明显影响。例如，购物中心与就业岗位集中区、居民居住区相距远近，不仅影响出行的平均距离，也影响客运交通结构。在城市功能布局与规划时，如能减少上班、上学的距离，使其尽可能在步行范围之内，可大大减少交通量，减小道路及公共交通的负荷，因为工作出行和学生上学出行要占城市总出行的80%左右，特别是对早晚高峰的影响很大。城市用地的集中程度高、人口密度高、房屋紧密、公交发达、出行方便等可以提高公交出行率，降低私人方式出行率。

（四）交通基础设施

轨道交通的有无、线路的多少、公共汽车线路数量、线网密度、人均公共汽车数量、覆盖率、换乘时间、发车频率、运行速度等，都影响公共交通分担的出行率。制定优先发展公共交通的政策，大力加强交通基础设施建设，可为公共汽车或其他大容量交通方式的发展创造良好的条件。

（五）城市自然条件

城市的地形、地势、地理环境、气候条件都对城市客运交通方式有影响。天然阻隔，如海湾、河流、湖泊高山等限制城市的形态，阻断了交通线路或改变了网络形态，在一定程度上对客运交通结构产生不同程度的影响；丘陵山地地面坡度很大，不适于自行车运行；极为寒冷地区或海拔很高的高原城市，自行车交通难以适应。

五、中国城市交通结构发展方向

我国城市居民的出行结构是多元化的。从居民出行要求分析，居民根据自己的经济情况、交通工具拥有情况、出行目的地的远近等各种条件和要求，从便捷性、快速性、舒适性、经济性、安全性等角度出发，选择合适的出行方式。由于不同的出行方式有不同的道路利用效率，并产生不同的交通影响，因此各种交通方式的发展不是无限制的，应通过交通发展策略的引导，使交通结构朝着有利于充分利用道路交通设施运输能力的方向发展。我国城市交通结构的发展方向应顺应我国国情（人口大国），考虑交通基础设施的发展规模，土地利用及土地资源的约束、居民的承受能力等因素，使城市交通的发展符合可持续发展战略。

（一）公共交通占主导地位

城市公共交通是人均道路利用效率最高、消耗资源最少、环境污染程度最轻的大众交通方式。在城市交通系统中，公共交通应该得到优先发展。我国城市的结构多属于密集型，因此，以公共交通系统为主，其他交通形式为辅的形式是我国城市客运交通结构必然的发展方向。提高公共交通方式在交通结构中所占的比例，能提高运营效率、节约能源、减少道路与交叉口的交通负荷和车辆拥挤、改善环境和减少污染。

要保障公共交通的主导地位，必须首先从政策上给予保护，即制定优先发展公共交通的政策。公共交通优先发展政策中，一是优先发展公共汽车交通，从方便、快捷、舒适、经济、安全的角度提高公共汽车综合服务水平，提高公共汽车交通的吸引力。在政策上采取灵活政策，建立多种服务与多种票价相结合的服务体制，采取增加公交线路，延长线路，缩短发车间隔等措施方便居民出行、提高可达性、减少换乘时间；采取增加各类空调车、小区间班车，提高舒适度与直达率。在技术上采取公交专用线、专用道、交叉口专用相位等措施，提高运行速度；通过优化公交网络、优化站点布设及优化车辆调度等提高效率，方便居民换乘车等。

公共交通优先发展的政策中的另一重点是有计划地发展轨道交通，特大城市、大城市在条件允许的情况下应开辟大运量的轨道交通。轨道交通运量大，能较大节省土地资源，不产生环境污染，并且为乘客提供舒适、快速、准时的服务，是最优先的公共交通方式，符合可持续发展战略。

（二）自行车交通占辅助地位

我国是发展中国家，且因人口众多，道路资源有限，虽然大城市私人小汽车的发展已呈快速增长趋势，但自行车仍是我国城市居民个体出行的主要交通工具，并且我国在今后相当长的时间内仍将保留自行车这一特色的交通方式。但我国的许多城市自行车发展有些失控，自行车出行占总出行的50%以上，而且公共交通大大萎缩，造成了道路交通紧张的局面。因此，引导自行车出行量向公共交通转移，能大大减轻城市道路交通压力。

（三）协调发展私人小汽车

进入21世纪，无论是从我国居民的购买能力还是从我国经济发展（特别是汽车工业的发展）的需求来看，私人小汽车进入寻常百姓家庭都是必然趋势。但是，我国是人口大国，不能像西方国家那样大规模地发展私人小汽车。我国的私人小汽车发展必须遵循协调发展原则，应做好以下几方面的协调：

①与道路交通基础设施建设水平相协调。根据各城市的道路交通设施水平，确定城市的机动车发展规模，避免出现道路交通拥挤及停车难问题。

②与环境保护相协调。

③与能源开发相协调。

④与我国居民素质水平的提高相协调。

第二节　城市行人与自行车交通

一、行人交通概述

步行是人的一种活动方式，也是最古老、最基本的交通方式。在现代城市交通系统中，步行交通无论是作为一种独立的交通方式，还是作为其他各种交通方式的衔接都是其他交通方式无法取代的辅助系统。

我国是一个人口大国，在我国居民出行中，步行出行和机动车出行一样占有很大的比例。因此，从以人为本的交通规划的基本出发点考虑，应该对步行交通给予充分的重视，其基本目标应该是保障行人的安全。从交通工程的观点看，还应该考虑如何同其他的交通要求取得协调。

二、行人设施

（一）人行横道

人行横道作为一种过街设施，用来保证行人过街的安全，同时也减少行人过街对车流的干扰和减轻驾驶员的心理负担。实践证明，在人行横道处过街要比非人横道处过街安全，人行过街管理设施越完善处境相对越安全。重视人行横道的设置对于保障交通安全及改善交通秩序有着重大的作用。

人行横道的设置既要保证行人过街的安全性和便捷性，又要尽量减少行人过街对车辆通行的干扰。一般在交叉口因为设置人行横道，然后根据交叉口的间距、道路性质、车流量、沿路两侧大型集散点及公共交通停靠站的位置等情况，考虑路段中间是否必须且可能增设人过街横道，为确保行人过街安全，以下地段不宜设置人行横道。

①弯道或纵坡变化路段，视距不足的地方。

②转弯车辆较多而又不能禁行的地方。

③瓶颈路段。

人行横道的最小宽度不宜小于3m，在此基础上，根据行人过街需求和行人过街横道通行能力适当增加，增加幅度以1m为单位。行过街横道可能通行能力为2700人/（绿灯时间·m）。

（二）人行过街立交

人行过街立交包括人行天桥和人行地道，它的优点是可彻底实现人车分离，尽量减少行人对路段交通流的影响。然而人行立交的投资较大，行人过街必须上下天桥或进出地道，从而增加了许多不便，而且天桥对周围环境也会产生如不协调等影响。因此，在确实需要设置地方，才能设置并使投资见到交通效益，不然，反而会引起行人在天桥或地道之前乱穿道路，诱发交通事故。人行过街立交设置依据如下：

第一，在路段上具备以下情况之一者可修建人行天桥或人行地道

①过街行人密集、影响车辆交通、造成交通严重阻塞处。

②车流量很大、车头间距不能满足过街行人安全穿行需要，或车辆严重危及过街行人安全的路段。

③人流集中、火车车次频繁的铁路道口、行人穿过铁路易发生事故处。

第二，在交叉口处过街行人严重影响通行能力时，可根据实际交通情况修建人行天桥或人行地道。

第三，结合其他地下设施的修建，考虑修建人行地道。

三、自行车交通概述

（一）自行车分担比例

城市里几乎每个成年人都有一辆自行车。自行车交通是当前我国客运交通的重要组成部分，是近距离交通的有效方式，在城市客运出行结构中占有重要的地位。

（二）自行车交通特点

从城市可持续发展的角度来看，自行车交通是一种"绿色交通"，具有诸多优点。

1. 灵活方便

在所有交通工具中，自行车是最简单灵活的。它服务于个人，属于个人交通，自主性强，能深入到城市的任何地方，可真正实现门到门的服务。尤其是在近距离交通中，由于在时间、空间上比公共交通更具灵活性，因此对市民的吸引力非常大。

2. 行驶和停放占用空间小

自行车是占用道路面积较小的交通工具。据研究，3.5m宽的行车道，机动车的通行能力约为1000辆/h，而自行车的通行量约为3000辆/h，约为小汽车的3倍，停放

一辆小汽车的用地可以停放约10辆自行车。

3．绿色环保

自行车是一种对环境无污染的"绿色"交通工具，而机动车交通方式都不可避免地产生废气、噪声和振动，其中汽车尾气还是城市大气污染的主要来源之一。自行车基本上不带来任何污染，这是国外提倡自行车的重要原因，也是国内支持自行车继续发展的重要依据。

4．低能耗性

自行车由人力驱动，不消耗任何非再生性能源，因此在城市交通系统中具有独特的优势。

5．经济廉价

在目前城市交通中，经济性和快捷性是乘客选择出行交通工具的主要因素。普通自行车一般价值几百元，能为广大普通市民、学生等阶层所接受。不仅如此，自行车的维修费用和停车费用也要大大低于汽车相应的费用，而且自行车不需要燃料费，也不用向交通管理部门交纳费用。

6．骑自行车有利于健康

自行车具有灵活、方便、经济、污染小等优点，我国作为"自行车王国"，具有发展自行车的良好基础，充分利用现有的这一交通资源，建立合理的交通网络，对解决城市高速发展带来的交通拥挤和城市环境问题，具有重要的现实意义。但是，自行车交通也有不足之处。

（1）自行车交通对时空的消耗远远大于公共交通

搭乘常规公交出行者的时空消耗仅为自行车出行的1/10。大容量快速轨道交通的乘客的时空消耗更小。自行车出行者在节约自身出行时间的同时，消耗了更多的公共资源。

（2）自行车与机动车的混行，增加了环境污染，限制了公共交通的发展

道路上机动车和非机动车的混行，造成了路段上的交通拥挤和交叉口范围内的交织点和冲突点的增多。同时，非机动车的干扰，使公交车辆运行车速降低，增加了汽车尾气的排放量和噪声的污染。

因此，我们要认清自行车交通的优势和劣势，以便更好地发展自行车交通，使之更好地为人民服务。

四、自行车交通发展策略

根据可持续发展的要求，结合自行车的交通特点，自行车应发挥其近距离出行优势，使之逐渐成为公共交通的补充，而不是主导出行方式，使自行车和公共交通有机结合、协调发展，重视在行驶过程中人和物的移动，而非车的移动。具体可以从以下几方面来发展：

①规划合理完善的自行车交通网络系统，设置自行车专用道，机动车和非机动

车分离，提高行车安全。

②在公共交通车站、商业娱乐中心，以及居住地和工作地设置完善的自行车停车设施。

③加强自行车交通的管理，保障自行车交通的合理路权，在交叉口可以提供自行车专用车位，同时要严格执法，加强对自行车违章的处罚力度，保障交通安全。

④完善自行车的车辆管理机制，加大对自行车盗窃团伙和销赃买赃的打击力度，在自行车的发展创造良好的社会环境。

⑤提高社会的公德水准，增强市民的交通法治观念和交通安全意识，形成人人知法、守法的良好交通文化环境。

第三节　城市小汽车与公共汽车交通

一、小汽车交通概述

随着我国汽车工业的发展，全国机动车保有量以每年10%～15%的速度增长，特别是私人小汽车进入家庭的速度在逐渐加快。虽然小汽车的出现是居民生活水平提高的标志，从一定程度上提高了人们的生活水平和质量，但是由于中国城市用地有限，过度发展私人机动车交通，会使原本严重不足的城市交通设施雪上加霜，以致带来一系列的城市交通问题。小汽车交通是城市综合交通系统中不可缺少的组成部分，为了创造良好的生存环境、节约能源，应该合理发展小汽车交通。

二、小汽车发展的利与弊

小汽车的发展是一把双刃剑，以其舒适、便捷、准时的运输方式受到了出行者的青睐。但是，它在给人们生活带来便利和促进经济发展的同时，也给城市交通和环境的发展带来各种各样的问题，下面分析发展小汽车的利与弊。

（一）发展小汽车的优点

1．小汽车的发展有利于构建合理的交通结构

随着人们出行需求的快速增长，多样化的交通方式是出行者的迫切需要。不同的城市居民出行的需求不同，出行的时间和空间也不相同，所以单一的方式不能满足日益增长的出行需求。由于小汽车可以实现门到门出行，因此能满足不同地区不同出行者的需求。

2．小汽车的适当发展有利于构建合理的城市结构

拥有小汽车这样的便利交通工具，可以扩大居民的活动范围，使居民的就业和

居住不再受范围限制，可以缓解因城市中心区开发密度过高，造成环境质量下降、用地紧张、交通拥挤等问题，有利于区域内城镇体系的合理规划和布局。

3. 小汽车的发展能够促进相关工业的发展

汽车产品涉及众多的工业部门，如冶金、石油、化工、电子、建材等部门。此外，汽车工业的发展还会带动相关的服务业的迅速发展。汽车工业的发展对于调整产业结构、推动工业与国民经济的发展具有良好的作用。

（二）小汽车的弊端

1. 道路负荷严重

小汽车的过度发展将加重城市道路网的负荷。小汽车的乘客量一般为2～4人，它的运输效率很低。如果不对小汽车的发展加以控制，将会造成路网严重饱和，产生交通拥挤阻塞，爆发严重的交通问题。

2. 交通事故增加

从宏观上看，汽车保有量的大小对交通事故的多少有着决定性的影响。小汽车的过度发展，加重了道路的负担，使产生交通事故的概率增大。

3. 环境污染严重

小汽车的过度发展将会使城市的环境质量急剧下降。小汽车排放的尾气含有大量的有毒气体，诱发呼吸道疾病。此外，小汽车噪声对居民日常生活干扰也很严重。

三、小汽车发展策略

我国城市用地紧缺、能源短缺和环境容量对小汽车发展具有相当大的制约。为此，要制定合适的小汽车发展对策，既能充分发挥其优势，又能实现城市交通的可持续发展。

（一）适度限制小汽车拥有，而不影响汽车工业

随着经济的快速发展，小汽车进入家庭是难以避免的趋势，同时小汽车的发展，能够促进汽车工业的发展。建议城市应该制定制度，限制小汽车拥有且不危及汽车工业的政策。从小汽车拥有方面限制主要有以下对策：

1. 车辆配额和拥有证制度

车辆配额就是政府通过收税来调控车辆拥有。根据这一原理，购买新车必须持有拥车证，而不同车辆的拥车证价格是由市场动态决定的。政府每年根据当前交通状况、能源供应、道路容量、环境容量公布本年度车辆增长率，即车辆配额。每年的年初，根据上年报废车辆的总量，制定当年发放拥车证的总数。一个拥车证可以注册一辆新车，每个拥有证都有使用期限。当拥车证过了使用期限，车主如果要继续使用原来的汽车，必须根据最近几个月拥车证的平均价格购买下一个使用期限的拥车证。通过车辆配额制度可以适当地抑制长期范围内小汽车保有量的增加。

2．增加小汽车购置税

研究表明，城市居民购买小汽车的需求与汽车价格成弹性关系，即汽车价格上升，居民购车需求下降；居民收入增加，居民购车需求增加。通过增加小汽车购置税，可以适当抑制小汽车拥有量。

（二）合理引导小汽车使用的限制措施

在适度限制小汽车拥有的同时，要进一步运用经济杠杆的调控作用来引导小汽车的合理使用。引导小汽车使用限制主要有以下对策：

1．通过道路拥挤收费，减少小汽车的使用

道路拥挤收费是在特定时间段和路段对车辆实行收费，从时间和空间上来调节交通量，减少繁忙时段和繁忙路段道路上的交通负荷，同时，还将促使客流向高容量的公交系统转移，达到缓解交通拥挤的目的。换句话说，拥挤收费就是将由于交通拥挤而产生的外部负效应通过收费形式内部化，纠正过度地使用道路的状况。拥挤收费带来的财政收入可以作为交通基础设施建设的资金来源和改善公交系统的补助，使交通系统处于良性循环。

2．提高小汽车的停车费，减少小汽车的使用

小汽车的快速发展，使城市的停车设施规模相对短缺，对城区小汽车停车可以收取高的停车费，以控制城区小汽车的使用规模，使小汽车的使用适合城市道路交通设施的容量。

3．征收燃油税，鼓励经济型小汽车的发展

我国是一个能源消耗大国，近年来经常有城市出现能源短缺现象。通过征收燃油税适当控制大功率小汽车使用，对于污染小、小排量、节能型小汽车应给予适当鼓励。因此，应大力发展经济型小汽车。

4．合理控制出租车数量，降低出租车空驶率

目前，很多城市出租车空驶率高，大大增加了无效交通量。有些城市通过预约合用出租车，对相近地点要到达顺路线目的的乘客可提供预约合用出租。

5．适度限制公车的使用

目前，在城市小汽车中公车占有很大的比例。公车在市区交通中的利用率远高于私车，因此在交通拥堵中的"贡献"应远甚于私车。为此，政府已对公车的使用进行了必要的改革，采取了限制措施。

（三）合理引导小汽车使用的鼓励措施

1．鼓励停车—换乘

建立城市停车—换乘（Park-and-Ride）系统，引导来自中心区以外的小汽车交通转换为公共交通，在市中区的路口及公共交通换乘枢纽修建收费较低的小汽车停车场，鼓励在郊区及市中心往来的小汽车乘客停车，换乘公共交通工具进入市区，

减少对中心城区的交通压力。

2. 鼓励"合乘"

在私车拥有量较高的住宅区，鼓励社区组织自愿合乘车辆出行，在使用费、停车费等收费政策上结合乘车优惠。鼓励小汽车乘满人数（4人），乘客少于3人的小汽车要受到交通限制。

四、城市公共交通概述

城市公共交通是与人民群众生产生活息息相关的重要基础设施，是城市交通结构中的重要组成部分，是改善投资环境，发挥城市功能的物质条件，也是城市社会和经济赖以生存、发展的基础。

改革开放以来，我国城市公共交通有了较快的发展，但随着经济社会发展和城镇化进程的加快，一些城市交通拥堵、群众出行不便等问题日益突出，严重影响了城市发展和人民群众生活水平的提高。而优先发展城市公共交通是提高交通资源利用率，缓解交通拥堵的重要手段，也是改善城市人居环境，促进城市可持续发展的必然要求。

（一）公交发展优势

①运载量大，运送效率高，占地面积少，相对于私人交通工具而言，公共交通有着更高的效率。从占用道路空间资源的角度来看，公共交通具有明显的优越性。

②投资相对少，能源消耗低，运输成本低，尾气污染相对少。

③公共交通有利于出行安全，公交车车速相对慢，行驶平稳，一般不易发生交通事故，特别是重大事故更少。

④交通方式灵活，适应性强。不同车型为不同地区、不同客流量服务的适应性很强。

⑤能利用技术手段把公共交通资源进行较好配置，这是其他交通方式无法比拟的。

（二）我国公交发展的现状

第一，管理体制不合理，公共交通发展缺乏系统完善的政策支撑体系和法规保障。

一是在市场化进程中，对公交企业还没有形成一套科学合理的财政补贴补偿机制，只注重经济效益，公共交通的公益性难以体现。

二是城市公交行业分属不同的政府部门，缺乏统一的规划协调，导致轨道交通、公共汽（电）车、出租车等公共交通组成部分难以发挥城市公共交通系统的整体性。在法律法规尚不健全的情况下，公共交通的发展在一定程度上仍依赖于政府行政手段的协调和干预。

三是政府对市场的监管缺乏必要的法律支持，主体不明，权责不清，行为不规范，监管不到位，无法可依的现象影响了城市公共交通事业的发展。

四是投入普遍不足，公交优先战略落实不到位。许多城市公交场地建设严重不足，公交停车场规模偏小，中途站和枢纽站没有系统的优化布设，公交专用道建设步伐缓慢，道路交通环境不良，缺乏广泛的公交优先通行保障措施。此外，大运量公交系统建设缓慢，公交运力结构失衡，没有真正发挥大运量城市公共交通方式在城市交通出行中的主力军作用。

第二，私家车增长迅速，公共交通主导地位逐步丧失。

近年来，小汽车进入家庭，居民机动车出行率不断提高，与此同时，公交分担率却维持不变。结果是形成以个体交通为主、公共交通为辅的低效率、低通行能力和低运作水平的道路交通综合体系。混合交通严重阻碍了公共交通的运行和发展，而公共交通的落后进一步刺激了个体交通的迅速膨胀，从而形成恶性循环。

第三，运营效率不高，公共交通服务水平日益低下。

我国城市公共交通线路网布局不合理，公交车辆车况较差，营运速度过低，准点率不高，高峰时公交运力紧张，拥挤严重。等车时间长、站点不足、准确率差几乎是城市公共交通的通病。此外，公交从业人员的素质、职业技能和服务意识等还没有得到很好的完善，服务内容和方式亟须创新，人们对公共交通服务水平的需求明显高于现有的服务水平。

第四，管理手段落后，公共交通调度方式滞后。

公交线路网欠优化，运营调度管理水平落后，现行的调度以人工管理为主，不能根据客流的变化进行动态的调整。公交的实时控制在路段上也无法进行，几乎不能对各个中途站点的情况得到及时的监控和统一的协调。这种缺乏信息化管理和应变能力的公交调度方式导致公交信誉降低，居民转而采用自我时间控制能力较强的私人交通。

（三）解决我国城市公共交通问题的对策

1. 全面落实公交优先发展政策

优先发展城市公共交通不仅包括路权的优先，还包括公共交通的政策优先、投资优先、规划用地优先、通行时间优先等。为此，要加大政府对公共交通的扶持力度：一是在财政、税收、贷款、价格等方面向公交倾斜，制定经济优惠政策；二是科学合理地设置公共交通优先车道、专用车道、专用街道等，保障公共交通车辆有必要的道路优先使用权；三是在城市规划中要体现优先发展公共交通的思想。路网的建设规划要与城市规划结合起来，根据城市具体状况，确定城市公共交通发展目标和战略。

2. 构筑多元化的城市公共交通系统

公共汽（电）车承担着城市公共客运的主要任务，因此应在稳步增加线路、延长营运里程、扩大站点覆盖面的基础上，优化线网结构和运力配置，尽量向居住小区、商业区、学校聚集区等城市功能区延伸，达到公共汽（电）车运载能力的更优化。同时，经济条件较好，拥堵问题比较严重的大城市可以有序健康地发展轨道交通。其最大运能可达单向5万人次/h，是常规公共汽（电）车的7～8倍。建设轨道交通有困难的城市可以结合城市道路网改造，因地制宜地发展投资少、见效快的大运量快速公交系统。总之，现代城市要形成一个以地铁、轻轨或BRT系统为骨架，以普通线路为主体，以多种形式的特色线路为补充，辅以灵活响应需求的城市交通模式（如出租车）的公共交通系统。

3．优化公交线路网，改善公交环境，提高服务水平

城市公交线路网运输能力的配置应充分考虑公交流量的不均衡性，保证整体运输效能最优。可以在符合条件的地区修建换乘站和换乘枢纽，并在换乘枢纽修建自行车和小汽车停车场，以便于自行车、小汽车、公共汽（电）车和地铁等不同交通方式间的换乘，以及与对外交通之间的有效衔接，实现公共交通的网络化。可以选用多种车型，实施切实可行而又有吸引力的票价政策，既能为低收入者提供稳定、可靠而便宜的服务，又可以向高薪阶层提供舒适豪华的服务，从而增加公交出行的吸引力。

4．推进公交企业改革，提高信息化水平，实现管理的智能化

我国城市公共交通行业应该进一步打破垄断，开放市场，改革公交企业产权结构，促进行业合理竞争。广州市试行私人企业经营公共交通就取得了良好的效果。同时，为了统筹安排城市公共交通资源，需要公交企业不断提高科技管理水平。大力推进公共交通线路运行显示系统、车队管理系统、多媒体综合查询系统、乘客出行信息系统等先进的公共交通管理系统在城市公共交通领域的广泛应用，实现公交企业日常经营管理办公的自动化、现代化和智能化。

5．完善公共交通法规，加强行业管理

政府职能部门应从实际出发，建立完善的法律体系和组织机构，制定和推行相关技术标准。我国交通运输部积极推动《城市公共交通条例》尽快出台，这将为我国城市公共交通的发展带来更大的机遇。同时，应加强组织领导，强化法规和标准的指导作用，推进城市公共交通行业的市场化进程，维护正常公共交通市场经营秩序，规范公共交通企业经营行为，监督检查企业服务质量，切实保证乘客利益，促进城市公共交通健康有序发展。

6．重视公共交通文化建设，培养市民自觉遵守和维护交通法规的意识

一是从小培养交通意识，将城市交通教育融合到学校教学内容体系中。二是加强对城市居民交通知识的宣传教育，把文明交通作为市民生活规范的组成部分，依靠城市全体市民共同管理好城市交通，逐渐养成文明交通意识，形成公共交通文化。优先发展城市公共交通是建设资源节约型和环境友好型社会的重要途径。

优先发展城市公共交通，有助于引导私家车辆健康发展，合理利用土地，节约

能源，减轻污染排放，促进城市交通和谐发展。

五、常规公交

（一）性能要求

公共汽车以内燃发动机为动力，与其他客运交通工具相比，在线路设置和车辆运行等方面具有高度的机动灵活性，这一点使其具有不可替代的优越性，是任何种类的轨道交通所不能比拟的。但是，公共汽车作为一种常规的街道内地面公共交通方式，不可避免地受到城市道路条件和道路上交通环境的影响，在我国城市机动车与自行车大量交叉混行的条件下更是如此。这一交通特性，恰恰是公共汽车和其他街道内地面公共交通方式的一大弱点，也是促成街道外快速公共客运系统发展的重要原因之一。

公共汽车是城市最常见的一种公共客运交通工具，对它的技术性能要求如下：

1. 加速性能好

由于公共交通在城市中时行时停，不可能高速行驶。提高车辆区间行驶速度的主要条件在于车辆的加速性能。公共汽车的加速性能一般用起步距离内的平均加速度来表示。公共汽车的加速性能主要依靠无级变速或挡位变速技术实现。

2. 机动性能好

公共汽车机动性能好，表现在转向灵活。公共汽车在设计上采取了前后轴转向装置，机动性能好，意味着它可以随时超越前车行驶。

3. 操纵轻便

随着公共汽车大型化发展，驾驶员的劳动强度增大，为减轻驾驶员体力消耗，采用可调高度驾驶座椅、转向器和制动器的加力装置。另外，还可在公共汽车上采用微型计算机以提高汽车驾驶的自动化程度等。

4. 乘坐舒适方便

随着城市公共交通客运的发展，为满足乘客对城市公共汽车乘坐舒适性和方便乘客上、下车的要求，采用独立悬架式的专用公共汽车底盘的低地板城市公共汽车，使公共汽车的踏板和通道的离地高度大大降低，极大地方便了乘客的上、下车，并满足了乘坐舒适的要求。

（二）公共交通特性

1. 适应性广

从公共交通设线适宜断面流量来看，其适应性很广，在轨道交通发达的地区，起到轨道交通客流的集散作用；在人口密度较低的大城市边缘地区或旧城区的支路上，或大、中型城市的新建居民区或小城市的客流主要方向，都可以优先考虑设置公共汽车线路。

2. 线路设置灵活

在公共交通运行空间所需条件方面，虽然公共汽车、无轨电车和常规有轨电车这三种公共客运方式都属于街道内公共客运系统的范畴，而且它们设线的适宜断面客流量和设站条件也基本上相同或相似，但是设置公共汽车线路时，不存在架设动力线和铺设轨道的问题，以及由此带来的线路固定化所出现的种种矛盾；如果不能超车行驶，对路口信号灯配时和街道景观的影响等；车辆运行灵活自由，设线的适用范畴最大，可包括旧城区狭窄街道所覆盖的街区。

3. 车站设置灵活

不同的公共交通在线路走向和设站要求确定之后，它们在设站所需空间、工程设施、乘客进出站时的空间联系和为其乘客服务的设施等方面所需要的条件及相应的资金投入量各不相同，而公共汽车和无轨电车车站的设置要求较低，可灵活设置。

4. 行车组织灵活

从营运组织上来看，它可以根据客流的变化和具体的营运条件及其他条件，安排不同车型的车辆和行车的组织方案。例如，在高峰小时客流集中的干线上用大容量的车辆组织大站距快车或区间车；在街道狭窄、转弯半径小而客流量又较大的旧城区使用短车身双层公共汽车等。定线和不定线行驶、招手上车和就近下车的小型公共汽车既可以对常规公共电汽车的乘客进行部分分流，为这部分乘客提供便捷、舒适的出行条件，又可以填补常规公共电汽车线路网难以覆盖的"空白区"。

总之，公共汽车所具有的适用性强、灵活性大的交通特性，是其他公共客运方式特别是轨道交通所不能达到的，这一点，是其经久不衰的生命力之所在。

（三）道路交通条件对公交的影响

由于大城市人口众多，当经济发展到一定的规模尚未建立街道外快速公共客运系统时，在交通量与日俱增的条件下，由交通密度不断增加而导致的道路拥挤和阻塞，将对地面常规公共汽（电）车交通的正常运行产生明显的不利影响。

影响地面公共交通车辆正常运行的因素，除了雨、雪天气等自然条件之外，主要还有如下因素：

①在未设公共交通专用车道的道路上，公共汽车的运行速率在很大程度上取决于其他机动车辆的数量、运行速度和自行车、过街行人的干扰程度，在交通密集的商业区更为明显。

②在路口不实行公共汽车优先通过的情况下，公共汽车常被抢先通过路口的自行车和加速性能好的小汽车所阻挡，而不能及时地通过路口。

③在没有公共汽车专用道又无港湾式停靠站的情况下，公共汽车进入、驶出停靠站时会受到行驶中的其他机动车和自行车的干扰，同时在停靠、启动时也会影响到其他车辆。这些影响公共汽车正常和有效运行的因素共同作用的结果集中表现在输送乘客的效率和正点率的降低。

（四）改善公交的对策

为了发挥公共汽车高度机动灵活的优势，克服或减少道路交通环境对其正常运行的不利影响，减少对环境的影响，需要采取政策、规划、工程技术和管理的综合对策。

1. 车辆技术的改进措施

在车辆底盘技术上，德国首先开发出低地板城市公共汽车。由于长期以来城市公共汽车都是在载重货运汽车底盘的基础上进行装配的，而没有自己的专用底盘，因此大部分城市公共交通车辆（包括城市公共汽车、城市无轨电车、小城市公共汽车、双层城市公共汽车等）的乘客地板高度离地面距离比较高，通常地板高度为700～900mm，乘客感到上、下车很不方便，尤其是老年人、儿童、孕妇和残疾人。这严重制约了城市公共交通客运的发展，同时难以满足乘客对城市公共汽车乘坐舒适性和方便乘客上、下车的要求。低地板城市公共汽车采用独立悬架式的专用公共汽车底盘，使城市公共汽车地板离地高度大大降低，保持在320～350mm，极大地满足了乘客方便上、下车及乘坐舒适的要求。

在环保方面，德国成功研制了低地板导向式轨道的城市公共大客车，瑞典沃尔沃客车公司成功研制了环保概念型低地板型城市公共汽车，其动力为蓄电池和燃气轮机发电机组，以使城市客车乘客室内地板完全平坦又降至最低，地板离地高度仅为320mm，蓄电池放置在城市客车车顶。另外，以液化石油气和天然气为燃料的低地板城市公共汽车也投入了批量生产。

2. 公共汽车交通优先管理技术与策略

在交通管理上，在道路条件允许、断面客流量较大的线路，尽量修建港湾式公共汽车停靠站；在过街人流量大的商业街、路口和公共交通枢纽站等地修建行人过街天桥或地道；在重要路段或交叉口实行公交优先管理。

城市道路网络由路段和交叉口组成，是公共车辆运行的载体。公共优先通行系统设计就是在公交车经过的道路网上采取相应的措施，使公交车运行时少受干扰、优先通行。其基本出发点是将公共汽车与其他交通方式在时间或空间上相分隔。公交优先通行设计在欧洲国家十分普遍，常用的公交优先方式有两类：

①路段优先。根据实际情况设置公共汽车专用车道或公交专用道路等。

②交叉口优先。交叉口上的公共优先措施主要有设置专用的公交相位、设置专门的公交车入口车道，以及其他一些特殊的公交车优先排队与通行措施等。

第四节　城市交通的仿真系统

一、交通系统仿真的定义和作用

交通系统仿真是指用系统仿真技术来研究交通行为，它是一门对交通运动随时间和空间的变化进行跟踪描述的技术。从交通系统仿真所采用的技术手段及所具有的本质特征来看，交通系统仿真是一门在数字计算机上进行交通实验的技术，它还有随机特性，可以是微观的，也可以是宏观的，并且涉及描述交通运输系统在一定期间实时运动的数学模型。通过对交通系统的仿真研究，可以得到交通流状态变量随时间与空间的变化、分布规律及其交通控制变量间的关系。因此，交通系统仿真在道路运输系统各组成部分的分析和评价中发挥着重要的作用。

二、交通系统仿真的分类

1. 仿真分类

交通系统仿真根据仿真对象和仿真目的的不同，可分为微观仿真和宏观仿真。微观仿真以微观模型为基础，宏观仿真以宏观模型为基础。另外，还有一大类更大尺度的宏观仿真，如基于四阶段模型的区域交通规划仿真。

微观仿真通过考察单个驾驶员和车辆及其相互作用特征来描述系统的状态，而宏观仿真则是通过考察交通流特征，即车队的"平均"行为来描述系统的状态。微观仿真和宏观仿真都可用来研究交通流的特征，如交通流量、交通密度、平均车速等。除此之外，微观仿真还可以用来研究每辆车的运动状态，这是宏观仿真所不能办到的。

2. 微观仿真模型的基本要素

微观交通系统仿真模型通常由以下基本要素组成：

（1）道路条件

道路条件通常包括道路几何参数、路面状况、交通标志和标线、交通信号等，根据仿真目的的不同，在仿真过程中，道路条件可以是一成不变的，如研究不同交通流量或交通组成的状况；也可以是不断变化的，如进行道路方案的优化和比选。

（2）车辆到达

对于每一辆到达系统入口处的车辆，模型必须产生一个到达时间。根据仿真目的的需要，还应产生一些其他车辆特征的参量，如车辆类型等，必要时还应包括出行目的地。

到达时间根据每一个入口处的车辆到达间隔分布计算出来。当入口为多车道时，还必须在其他描述车辆特征的参量中给出车道选择。

某些情况下，系统入口处产生的参量仅仅是一个初始值，它们在仿真过程中，将根据道路几何参数或交通条件的变化而改变。

（3）车辆特征

驾驶员的行为受到交通规则和车辆动力性能的限制。描述车辆动力性能的重要参数为最高车速及给定车速的加减速能力，当然，这些参数受车辆特征、道路条件和天气状况的影响。车辆特征通常用发动机功率、车辆容量及空气动力学特性来描述。车辆类型分布在仿真模型中一般采用经验分布。道路条件通过道路几何参数和路面状况来描述。

在微观仿真中，车辆的最高速度将限制车辆的期望速度，而车辆加减速能力参数则用于计算驾驶员决定的执行效果。在仿真模型中，还要对加减速能力充分发挥（如紧急制动或超车）的情况和未充分发挥（如减速停车或干道上逐渐加速）的情况加以区分。

（4）期望车速

车辆在道路上运动主要受车辆期望速度的影响，当交通密度较高时，主要受慢速行驶车辆的车速影响。

实际的期望车速是在低交通量的直线路段上观测出来的，随着交通量的增加，车流中自由行驶车辆数量将会减少，期望车速的观测将变得越来越困难。在构造微观仿真模型时，通常假设期望车速与交通量无关，其分布服从正态分布，据此对小型车和大型车分别建立期望车速分布模型，近年来，则更多地以经验分布代替正态分布。在实际应用时，必须在上述关于期望车速的假设分地点、分车道进行认真的检验。

（5）车辆间的相互作用

在构造微观仿真模型时，要对两种不同类型的人-车单元加以区分，一种类型为运动只受车辆、道路条件和外部因素（如天气状况或速度限制等）影响；另外一种类型为除上述影响因素外，还要受其他人-车单元的影响。

在车辆跟驰模型中，通过一个"感知界限"参量来区分两种类型的人-车单元运动，这一参量也被用于确定什么时候驾驶员将加速或减速，以便与前车保持适当的距离。

构造相互作用模型时，必须对"感知界限"进行观测，并分别计算出两种不同类型的加速度和减速度。此外，还要对每一种道路形式分别进行模型的设置。

（6）车道转换和超车

驾驶员对于来自其他车辆的干扰，一般通过调整自己的车速来体现，当条件允许时，转换车道或超车。

对于描述车道转换和超车的参数很难进行观测，这是因为需要同时记录许多变量。因此，目前这方面的研究成果较少。定性分析表明，当驾驶员离开慢速车道进入超车道时，所能接受的临界空档比由超车道转入慢车道时要小得多。

对于单向行驶道路的车道转换和超车，目前的仿真模型多用于"感知界限"或可接受空档出现的概率或两者结合来描述；对于双向行驶的道路，则要考虑必要的超车距离和对向交通流中产生的空档，有时还要加上视距条件和用于描述驾驶员冒险程度的参数。

3. 宏观仿真模型的基本要素

宏观仿真模型与微观仿真模型的区别主要表现在如下两个基本要素上。

（1）车辆到达

与微观仿真模型一样，在宏观仿真模型中，对于每一辆进入系统入口处的车辆，都要产生一个到达时间，以及相应的特征参量。所不同的是，由于宏观仿真通常用于道路网的交通状态研究，车辆特征参数往往要包括每辆车的出行目的和行驶路线。每辆车的出行目的可以从随时间变化的OD矩阵中获得，而行驶路线则可以通过最短路径法计算出来。

（2）相互影响模型

传统的宏观仿真模型应用速度-流量一般关系式来描述车辆在系统中的运动。当道路网系统能够划分为具有相同特征的几个子系统时，也可以将道路几何特征、速度限制和天气状况等因素引入宏观仿真模型。

三、交通仿真的方法和一般步骤

交通系统仿真的对象是含有多种随机成分和各种逻辑关系的复杂的交通系统，因此，它本身就是一个复杂的系统工程。它包括问题分析、模型建立、数据采集、程序编制、仿真运行、输出结果处理等过程，必须按一定的程序和步骤进行。

一般的交通系统仿真流程包括11个步骤，对此将在下面分别进行讨论。当然，由于所讨论问题的不同，研究者思维方式的差异，这11个基本步骤也不是一成不变的。

第一步：明确问题。

交通系统仿真的第一个步骤是对拟要研究的问题进行详细的了解和描述，明确研究目的，划定系统的范围和边界，以便对各种交通分析技术的适应性做出判断。

第二步：确定仿真方法的适用性。

这一步工作的核心是确定在各种交通系统分析技术中，系统仿真对于所讨论问题是最适合的方法。

第三步：问题的系统化。

一旦确定系统仿真对于所讨论问题是最好的解决方法，就要着手构造一个仿真模型的第一级流程图，其中包括输入、处理、输出三个部分。特别要对输入和输出进行详尽的说明，以便下一步的数据收集和处理。一般来说，输入数据包括交通设施设计参数、交通需求方式、运行规则、控制类型、环境条件等。输出数据则依赖于所讨论问题的类型，通常包括行程时间、延误时间、排队长度、停车次数、交通事故、燃油消耗、尾气污染、交通噪声等。

第四步：数据的收集和处理。

这一步工作的主要内容是根据输入和输出要求收集和处理所需的数据。为此，应当制定观测计划，确保满足最小样本量要求，以便于模型进行标定和有效性检验。接下来是对所收集的数据进行处理，使之符合仿真模型的需要。数据处理通常包括计算均值和方差、确定分布形式和相互关系、进行回归分析和单位转移等。

第五步：建立数学模型。

建立数学模型是系统仿真中最关键的一步，也是最消耗时间的一项工作，通常采用自上而下循序渐进的方法进行。从前面提到的第一级流程图出发，将注意力放在连接输入和输出的处理过程上，建立第二级流程图，确定构成处理过程的主要模块及其相互关系、每一模块的输入和输出。然后，建立第三级流程图，对每一个模块的功能进行详细的描述。

第六步：参数估计。

模型中的参数有两种基本类型，即确定型和随机型。确定型参数可以是常数，也可以根据系统状态的不同，对应于一组常数中的某个值，或按某种回归规律在一定范围内连续变化的值。对于随机型参数，除给出它的均值和方差外，还要指出其分布形式。

第七步：模型评价。

这一步工作的首要任务是对所建模型的各种可能情况进行手工计算，以确定流程中是否出现中断或回路、检验数据输入的适应性和取值范围、检验最终和中间输出结果的合理性。另外，还需要做出一些判断：如是否有必要增加、删除或改变一些变量，是否有必要修正一些确定型和随机型参数，是否有必要对模型的结构进行修改等。如果仅仅需要修正某些变量或参数，则相对来说比较简单，而一旦模型本身存在问题，则需要返回前面的第三步或第五步，有时甚至需要返回第二步，以至有可能放弃系统仿真方法。

第八步：编制程序。

一旦所建的模型被接受，便可着手编制计算机程序。编程工作量大小和难度取决于前面建立的流程图的质量。如果流程图考虑得很周到，模块设计得很详细，则编程仅是简单劳动。这一步工作中最重要的一点是对编程语言和计算机设备的选择。应考虑的因素有开发人员对各种编程包括通用高级语言和专用仿真语言的熟悉程度、计算机编辑器的能力、模型的特征与仿真语言的相容性、仿真程度的可扩展性等。如果所编制的程序将推广应用，如作为商业软件出售，则要考虑留出修改和扩充的余地，同时还要加入必要的注释。

第九步：模型确认。

模型确认包括三项内容，即模型校核、模型标定和有效性检验。

模型校核和程序调试相比，更加详尽也更加费力。其目的是确认程序代码所执行的正是流程图所规定的任务，此时的工作内容并不涉及拟研究的实际问题。

模型标定是以现场观测数据作为输入，检验输出结果是否与实际的观测结果相吻合，检验的重点为输入变量。例如，输入随机分布参数，检验输出的分布形式是否与观测结果一致，如果不一致，则需进行调整，直至与实际情况相吻合。需要指出的是，模型标定时只使用一部分观测数据的质量、计算模型的综合能力和所讨论问题的复杂程度。

有效性检验是将其余未使用的现场观测数据输入仿真程序，并将计算结果与相应的观测结果进行比较。这时，不能再对模型参数进行调整，输出结果与实际观测之间的差异表明了整个仿真程序在所检验条件下的误差。如果这一误差可以被接受，说明仿真程序是可用的，否则就要重新进行标定和有效性检验。

第十步：一旦仿真程序通过有效性检验，便可用来进行仿真实验，在此之前，实验设计是不可忽视的一个步骤。实验设计指的是制定一个详细的实验方案，通常包括如下内容：

①选择控制变量。

②确定每个控制变量的限制条件或边界条件。

③确定每个控制变量的步长。

④确定控制变量的层次结构，可考虑先改变初级控制变量，而保持次级控制变量为常数。

⑤如何通过仿真程序中的循环语句自动改变初级控制变量的取值。

⑥如何通过仿真程序中的搜索子程序自动确定最佳条件。

实验设计的难度取决于仿真程序的规模和灵活性，以及所讨论问题的复杂性和状态变化程度。在实验设计时对于随机变量要给予充分的注意，每个随机变量都要经历多次复杂实验。为此，一是应当确定重复实验的次数；二是每个随机变量都应有独立的随机数发生器产生自己的随机数序列；三是在选择随机数的初始值时要采用灵活多变的方法，以保证其随机性。

第十一步：仿真结果分析。

这一步骤包括三项工作内容，即仿真运行、结果分析和形成文档。

仿真运行过程应当有详细的记录，一般来说，仿真程序自身应当对输出结果加以辨识标记，以便于对其进行分析。

在仿真结果分析时，有可能发现仿真程序中的缺陷，这时应当对其进行修改完善。根据需要，可能还要借助辅助程序输出图形，对仿真结果进行统计检验或生成文本文件。

应当对文档工作给予充分重视。一个完善的仿真软件，应当具备齐全的文档，包括用户使用手册和技术文档。用户使用手册是为除开发者以外的其他使用人员准备的。技术文档应包括所有变量的定义、三级流程图、输出和输入的例题等，必要时还应包括程序清单。

　　以上介绍了开发交通系统仿真程序的一般步骤，当然，这里的步骤并不是一成不变的，根据开发者风格的不同、问题的复杂程度和软件应用范围的大小，可能会增加或减少一些步骤，要根据情况灵活掌握。

第六章　交通运输能力

第一节　运输能力知识

运输能力是通过能力和输送能力的总称。为满足客运需求、完成运输任务，轨道交通线路必须具备一定的运输能力。运输能力的大小主要取决于固定设备、活动设备以及技术设备的运用、行车组织法和行车专业人员的数量、技能水平等因素。

一、通过能力

轨道交通线路的通过能力是指在采用一定的车辆类型和一定的行车组织方法的条件下，各项固定设备在单位时间内（通常是高峰小时）所能通过的最大列车数。研究影响通过能力的因素、通过能力的计算方法和提高通过能力的途径、措施等问题，对于轨道交通新线的规划设计和既有线的日常运能安排、扩能技术改造，都具有重要的理论和实践意义。地铁、轻轨的通过能力按下列固定设备计算：

（一）线路

线路是由区间和车站构成的整体，其通过能力主要受正线数、列车停站时间、列车运行控制方式、车站是否设置配线、车辆技术性能、进出站线路平纵断面和行车组织方法等因素影响。

（二）列车折返设备

列车折返设备的通过能力主要受折返站的配线布置形式及折返方式、列车停站时间、车站信号设备类型、车载设备反应时间、折返作业进路长度、调车速度以及列车长度等因素影响。

（三）车辆段设备

车辆段设备的通过能力主要受车辆段的检修台位、停车线等设备的数量和容量等因素影响。

（四）牵引供电设备

牵引供电设备的通过能力主要受牵引变电所的配置和容量等因素影响。

根据以上各项固定设备计算出来的通过能力一般是各不相同的，其中通过能力最小的固定设备限制了整条线路的通过能力，该项固定设备的通过能力即为整条线路的最终通过能力，参见式（6-1）。因此，通过能力是各项固定设备综合能力的体现。根据分阶段发展的可能性，各项固定设备的通过能力配置应相互匹配、协调，以免出现通过能力紧张或闲置的现象。

$$n_{最终} = \min\left\{n_{线路}, n_{折返}, n_{车辆}, n_{供电}\right\} \tag{6-1}$$

式中：$n_{最终}$——最终通过能力（列）；

$n_{线路}$——线路通过能力（列）；

$n_{折返}$——列车设备折返通过能力（列）；

$n_{车辆}$——车辆段设备通过能力（列）；

$n_{供电}$——牵引供电设备通过能力（列）。

在实际工作中，通常还把通过能力分为设计通过能力、现有通过能力和需要通过能力三个不同的概念。设计通过能力是指新建线路或技术改造后的既有线路所能达到的通过能力；现有通过能力是指在现有固定设备和现有行车组织方法的条件下，线路能够达到的通过能力；需要通过能力是指为了适应中、远期规划年度的客运需求，线路应具备的包括后备能力在内的通过能力。

二、输送能力

轨道交通线路的输送能力是指在一定的车辆类型、固定设备和行车组织方法的条件下，按照现有活动设备的数量、容量和乘务人员的数量，轨道交通线路在单位时间内（通常是高峰小时、一昼夜或一年）所能运送的乘客人数。输送能力是衡量轨道交通技术水平与服务水平的重要指标。

在最终通过能力一定的条件下，输送能力可按下式计算：

$$p = n_{最终}mp_{车} \tag{6-2}$$

式中：p——小时内单向最大输送能力（人）；

n——列车编组车辆数（辆）；

$p_{车}$——车辆定员数（人）。

三、通过能力与输送能力的关系

通过能力从固定设备的角度确定线路所能开行的列车数，输送能力则是从活动设备与行车作业人员配备的角度确定线路所能运送的乘客人数。输送能力以通过能力为基础，输送能力是运输能力的最终体现。

在通过能力一定的条件下，线路最终输送能力还与车站设备的设计容量或能力存在密切关系。这些设备包括站台、售检票设备、自动扶梯、楼梯、通道和出入口等。

第二节　线路通过能力

一、线路通过能力的计算原理

（一）计算通过能力的一般公式

线路通过能力是指轨道交通线路在单位时间内（通常是高峰小时）能够通过的最大列车数。一般自动闭塞线路通过能力的计算公式为：

$$n_{线路} = \frac{3600}{h}$$

（6-3）

式中：h——自动闭塞行车时的追踪列车间隔时间（s）。

显然，线路通过能力计算的关键是确定追踪列车间隔时间。

（二）追踪列车间隔时间

在自动闭塞行车时，列车停站时间与列车运行控制方式是决定追踪列车间隔时间的主要因素。

轨道交通通常采用双线自动闭塞，列车追踪运行并在每一个车站停车供乘客乘降。为了降低造价，轨道交通车站一般不设置配线，列车停在车站站线供乘客上下车。根据轨道交通车站配线设置、行车及客运作业的特点，列车追踪运行经过车站时的间隔时间远大于列车在区间追踪运行时的间隔时间。因此，在计算线路通过能力时，没有必要再去分别计算区间通过能力和车站通过能力，而应把区间和车站看成是一个线路整体来进行计算。由图6-1可知，当列车在区间追踪运行时，追踪列车间隔时间仅20s；而当列车在车站停车时，追踪列车间隔时间增加为80s，可见列车停站时间是影响线路通过能力的主要因素之一。

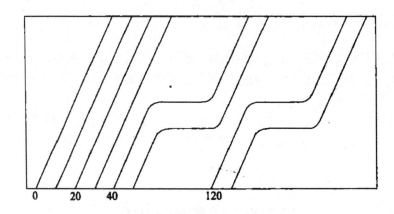

图6-1 列车停站时间对线路通过能力的影响

列车运行控制通常涉及列车运行控制方式和行车调度指挥。在研究追踪列车间隔时间的影响因素时，列车运行控制侧重于前者。表6-1为轨道交通线路采用四种不同的列车运行控制方式时线路通过能力的比较。

表6-1 列车运行控制方式与线路通过能力

列车运行控制方式	行车闭塞法	同方向列车运行	线路通过能力
基于通信的	移动（自动）闭塞	追踪运行	高
采用ATC系统	固定（自动）闭塞	追踪运行	较高
采用传统信号	固定（自动）闭塞	追踪运行	中
非自动闭塞	双区间闭塞等	连发运行	低

二、线路通过能力计算方法

（一）固定（自动）闭塞线路

计算线路通过能力的前提是确定追踪列车间隔时间，而确定追踪列车间隔时间应从分析追踪运行列车间的最小间隔距离开始。

在把区间和车站作为一个整体进行分析时，计算追踪列车间隔时间的最小间隔距离，后行列车从初始位置运行至前行列车所处位置，需经历进站运行、制动停车、停站作业和起动出站四个单项作业过程。

1. 列车进站运行时间$t_{运}$

$$t_{运} = \frac{0.5(l_{站} + l_{列}) + \sum l_i - l_{制}}{v_{运}} \qquad (6\text{-}4)$$

式中：$l_{站}$——车站闭塞分区或车站轨道电路区段长度（m）；

$l_{列}$——列车长度（m）；

l_i——闭塞分区或轨道电路区段长度（m）；

$l_{制}$——列车制动距离（m），$l_{制} = \dfrac{v_{制}^2}{2b}$；

$v_{制}$——制动初速度（m/s）；

b——常用制动减速度（m/s²）；

$v_{运}$——列车运行速度（m/s）。

2. 列车制动停车时间 $t_{制}$

$$t_{制} = \frac{v_{制}}{b} \qquad (6-5)$$

3. 列车停站时间 $t_{站}$

计算线路通过能力时一般取各站停车时间的最大值。

4. 列车起动出站时间 $t_{加}$

$$t_{加} = \sqrt{\frac{l_{列} + l_{站}}{a}} \qquad (6-6)$$

式中：a——起动加速度（m/s²）。

5. 追踪列车间隔时间计算公式

将上述四个单项作业时间的计算过程合并，得到车站不设置配线时固定（自动）闭塞线路追踪列车间隔时间的计算公式如下：

$$h = \frac{0.5\left(l_{列} + l_{站}\right) + \sum l_i - l_{制}}{v_{运}} + \frac{v_{制}}{b} + t_{站} + \sqrt{\frac{l_{列} + l_{站}}{a}} \qquad (6-7)$$

式（6-7）中的闭塞分区或轨道电路区段的数目取决于列车运行控制方式和行车组织方法对追踪运行列车间隔距离、列车驶进车站允许速度的规定。列车停站按停靠站台中部考虑。在实践中，还要考虑列车不能以较高速度驶离车站站线的情形，如列车进入站后折返线。另外，在进出站线路纵断面有坡度的情形下，可在式（6-7）中第2和第4项分母部分增加一个坡道修正参数 g_i，（g为重力加速度、i为坡道的坡度），以考虑列车在坡道上制动和加速时对制动速度和起动加速度的影响程度。修正参数的正负号可根据制动或加速、上坡或下坡的具体组合而定，在制动时上坡为正、下坡为负，在加速时上坡为负、下坡为正。

（二）移动（自动）闭塞线路

计算移动闭塞线路通过能力的公式与自动闭塞线路相同。追踪运行列车先后经过车站时的间隔距离，后行列车从初始位置运行至前行列车所处位置，需经历制动停车、停站作业和起动出站三个单项作业过程，追踪列车间隔时间的计算公式为：$h = t_{制} + t_{站} + t_{加}$。式中的 $t_{制}$、$t_{站}$ 和 $t_{加}$ 的计算公式如下：

1. 列车制动停车时间知

$$t_{制} = t_{空} + \frac{v_{制}}{b} \tag{6-8}$$

式中 V 进规定的列车进站速度（m/s）。

2. 列车停站时间 $t_{站}$

计算方式与自动闭塞线路相同。

3. 列车起动出站时间 $t_{加}$

$$t_{加} = \sqrt{\frac{l_{列} + l_{站} + 2l_{安}}{a}} \tag{6-9}$$

式中：$l_{安}$——安全防护距离（m）。

4. 追踪列车间隔时间计算公式

将上述三个单项作业时间的计算过程合并，得到车站不配置配线时移动闭塞线路追踪列车间隔时间的计算公式如下：

$$h = t_{空} + \frac{v_{制}}{b} + t_{站} + \sqrt{\frac{l_{列} + l_{站} + 2l_{安}}{a}} \tag{6-10}$$

（三）半自动闭塞线路

半自动闭塞在轨道交通信号系统中基本不采用。但在轨道交通新线建成后，如果ATC系统尚处于调试阶段，在线路试运营期间可采用半自动闭塞作为过渡。此时，除采用调度监督组织指挥列车运行外，为确保列车运行安全，在同一时间，"两站、两区间"内只允许一列车占用，即以双区间闭塞为基本闭塞法。

在双区间闭塞的情况下，同方向列车按连发方式运行，a站开放出站信号的条件是前行列车已驶离c站的车站正线且双区间闭塞手续办妥，如图6-2所示。

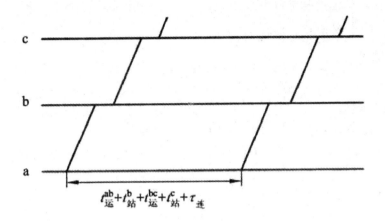

图6-2　双区间闭塞连发运行

线路通过能力的计算公式为：

$$n_{线路} = \frac{3600}{t_{运}^{ab} + t_{站}^{b} + t_{运}^{bc} + t_{站}^{c} + \tau_{连}}$$ （6-11）

式中：$t_{运}^{ab}, t_{运}^{bc}$——列车在a—b，b—c区间的运行时分（s）；

　　　　$t_{站}^{b}, t_{站}^{c}$——在b、c站台的停站时间（s）；

　　　　$\tau_{连}$——连发间隔时间（s）。

第三节　列车折返能力

一、列车折返能力计算原理

（一）计算折返能力的一般公式

列车折返能力是指轨道交通折返站在单位时间内（通常是高峰小时）能够折返的最大列车数。

列车折返能力的计算公式为：

$$n_{折返} = \frac{3600}{h_{发}}$$ （6-12）

式中：$h_{发}$——折返出发间隔时间（s）。

显然，列车折返能力计算的关键是确定折返出发间隔时间。

（二）折返出发间隔时间

折返出发间隔时间定义为：在折返作业正常进行并考虑作业与进路冲突的情况下，折返列车在折返站的最小出发间隔时间。折返出发间隔时间是计算列车折返能力的基本参数，其长短反映了列车折返的迅速程度。影响折返出发间隔时间的因素包括车站折返线布置、折返方式以及作业或进路冲突等。

应该强调一下，研究列车折返能力问题，只有在列车折返间隔时间大于列车追踪间隔时间时才有意义。如果追踪间隔时间大于理论计算的折返间隔时间，则实际需要的折反间隔时间等于追踪间隔时间，此时列车折返能力不是最终通过能力的限制因素。

此外，列车折返间隔时间与列车在折返站停留时间是两个不同的概念。前者反映的是两列车在折返站先后出发的时间间隔，而后者反映的是一列车在折返站由到达至出发的时间间隔，如图6-3所示。

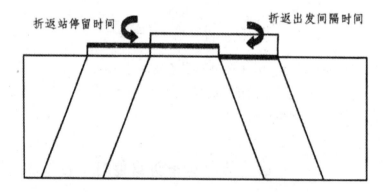

图6-3　折返出发间隔时间与折返站停留时间的区别

列车折返间隔时间有多种计算方式，如按折返列车由车站出发、折返列车到达车站、折返列车在进站位置、折返列车进折返线和折返列车出折返线等方式计算折返间隔时间。

从折返作业循环进行的角度来看，如果不存在因作业（进路）冲突或因列车到达间隔等引起作业等待的情形，各种算法得到的计算结果是相同的。但如果在作业过程中存在等待情形，则按折返列车由车站出发计算得到的折返间隔时间是最大的。因此，按折返列车由车站出发计算折返间隔时间能够确保列车折返能力不被高估。

图6-4为站后尽端线折返时的折返列车间隔时间图解，假设列车①进折返线运行20s后即可办理列车②的接车进路，按给定的各单项作业时间绘制的折返作业过程及折返间隔时间表明：折返列车到达间隔时间为90s，折返列车出发间隔时间为105s。后者更大的原因是，列车②在折返线上作业完毕后必须等待列车①驶出车站后才能办理出折返线进路的作业，期间存在15s的等待时间（见图6-4中虚线）。

折返出发间隔时间的确定方法有图解法和解析法两种。图解法将组成列车折返作业过程的各单项作业时间按作业顺序绘制在折返技术作业程序上，然后在图上找出相邻两列折返列车的折返出发间隔时间。图解法适用于特定折返站的折返出发间隔时间确定，也可用来验证采用解析法计算得到的结果。

解析法通过对列车折返作业过程以及列车在折返站的作业（进路）冲突等影响因素的分析，确定满足最小折返出发间隔时间的条件，并在此基础上建立计算折返出发间隔时间的数学关系式。其优点是计算方法的应用具有普遍性，对组成折返出发间隔时间的单项时间比较直观，便于分析影响列车折返能力的各项因素。

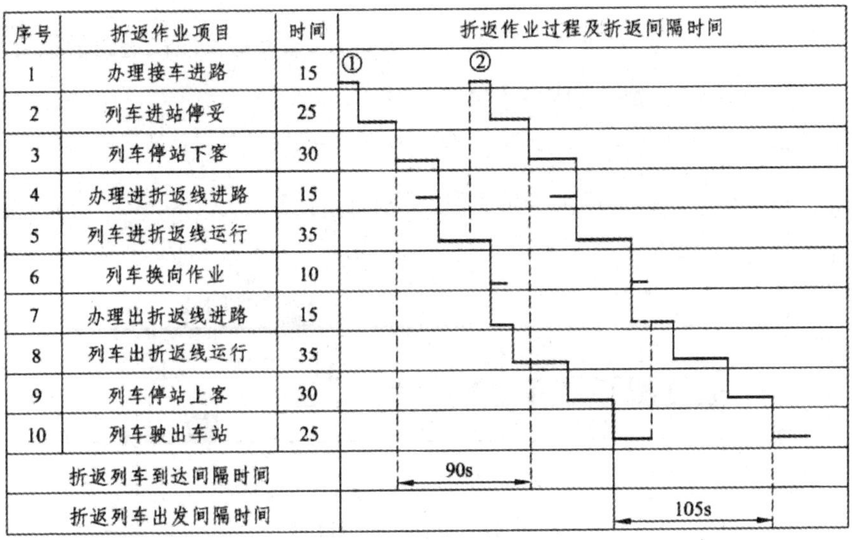

序号	折返作业项目	时间	折返作业过程及折返间隔时间
1	办理接车进路	15	①　　　②
2	列车进站停妥	25	
3	列车停站下客	30	
4	办理进折返线进路	15	
5	列车进折返线运行	35	
6	列车换向作业	10	
7	办理出折返线进路	15	
8	列车出折返线运行	35	
9	列车停站上客	30	
10	列车驶出车站	25	
折返列车到达间隔时间			90s
折返列车出发间隔时间			105s

图6-4　站后尽端线折返时的折返列车间隔时间

二、列车折返能力计算方法

根据车站折返线的布置，列车折返主要有站前折返、站后折返、站前与站后混合折返三种方式。根据折返站在线路中的位置，列车折返有终点站折返和中间站折返两种情形。根据采用的列车交路不同，列车折返又有单向折返和双向折返两种方式。对采用不同折返方式的列车折返出发间隔时间应分别计算。

（一）终点站站后折返

利用终点站的站后折返线进行折返作业的折返方式称为站后折返。终点站站后折返线布置主要有尽端线和环形线两种。

站后折返的作业过程如图6-5所示：折返列车②到达车站下行站线、停靠站台（a），在规定的停站时间内乘客下车完毕。原则上优先使用与站线连接较近的折返线，折返列车②由车站下行站线进入尽端折返线（b），折返进路可以预办；折返列车②在折返线停留规定时间后能够进入车站上行站线、停靠站台（c）的前提条件是折返列车①已驶出车站闭塞分区，同时道岔开通正线方向以及调车信号开放。显然，在采用站后尽端线折返时，当折返列车②在折返线规定的停留时间结束后即能进入车站上行站线，此时折返列车①与②之间有最小的折返出发间隔时间，参见图6-6，其计算公式为：

$$h_{发}^{后} = t_{离去} + t_{作业}^{出} + t_{反应} + t_{出线} + t_{站} \qquad (6-13)$$

式中：$t_{离去}$——前车驶出车站闭塞分区的时间（s）；

$t_{作业}^{出}$——办理出折返线调车进路的时间（s），包括道岔区段进路解锁延迟、排列进路和开放调车信号等时间；

$t_{反应}$——车载设备反应时间（s）；

$t_{出线}$——列车从折返线至车站出发正线运行时间（s）。

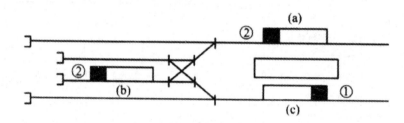

图6-5　终点站站后折返过程

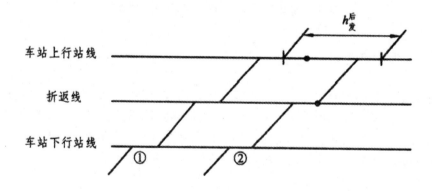

图6-6　$h_{发}^{后}$ 计算示意图

（二）终点站站前折返

利用终点站的站前渡线进行折返作业的折返方式称为站前折返。终点站的站前渡线布置一般是交叉渡线。

列车经由站前渡线折返有直到侧发、侧到直发、直到侧发与侧到直发交替进行三种方式。就直到侧发与侧到直发两种折返方式比较，从列车进站应减速、出站需加速以及乘客乘坐的舒适性考虑，侧到直发是较为合理的列车进出站运行组织办法。在列车折返能力比较紧张的情况下，可以考虑采用直到侧发与侧到直发交替进行的折返方式。

1. 侧到直发折返

采用侧到直发折返方式时的作业过程如图6-7所示。下行到达列车在进站渡线道岔外方（a）处确认信号后侧向进站。列车停靠车站上行站线（b），在图定停站时间内乘客上下车完毕，由车站出发驶向车站闭塞分区（c）。前方列车出清道岔区域后，才能办理下一到达列车的接车进路。分析表明，在采用站前渡线进行折返时，当进站列车②位于进站渡线道岔外方（a）处时即能进入车站上行站线，此时折返列车①与②之间有最小的折返出发间隔时间，参见图6-8，其计算公式为：

$$h_{\text{发}}^{\text{前}} = t_{\text{离去}} + t_{\text{作业}}^{\text{接}} + t_{\text{反应}} + t_{\text{进站}} + t_{\text{站}} \tag{6-14}$$

式中：$t_{\text{作业}}^{\text{接}}$——办理接车进路的时间（s），包括道岔区间进路解锁延迟时间排列进路等时间；

$t_{\text{进站}}$——列车从进站渡线道岔外方确认信号距离处至车站正线运行时间（s）。

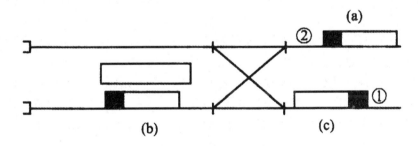

图6-7　终点站站前侧到直发折返作业过程

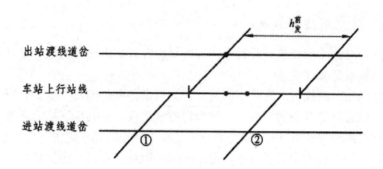

图6-8　$h_{发}^{前}$ 计算示意图

采用直到侧发折返方式时，折返出发间隔时间也可用上式计算。但应注意，对于 $t_{离去}$ 和 $t_{离站}$ 的取值，直到侧发折返与侧到直发折返略有不同，一般是直到时间小于侧到时间、侧出时间大于直出时间。

2．直到侧发、侧到直发交替折返

交替折返的作业过程如下：列车①直到→列车②侧到→列车①侧发→列车③直到→列车②直发→列车④侧到→列车③侧发……即折返作业按直到侧发与侧到直发交替进行。在上述折返作业循环中，列车③直到与列车②直发可部分平行作业。当然，折返作业循环的初始状态也可以是列车①侧到，但从折返作业循环的角度来看，它与初始状态是列车①直到并无实质性区别。

鉴于折返作业是交替循环进行，只要分别计算出侧发列车①与直发列车②、直发列车②与侧发列车③的折返出发间隔时间，就能确定采用交替折返时的折返出发间隔时间。

交替折返时的作业过程如图6-9所示。在图6-9（a）中，列车①直到停靠站台（a），办理列车②接车进路。列车②侧到停靠站台（b），办理列车①发车进路。列车①出发驶离车站闭塞分区（c），办理列车②发车进路，列车②出发驶离车站闭塞分区（c）。在图6-9（b）中，列车③直到停靠站台（a），列车②出发驶离车站闭塞分区（b），办理列车④接车进路。列车④侧到停靠站台（c），办理列车③发车进路。列车③出发驶离车站闭塞分区（b）。

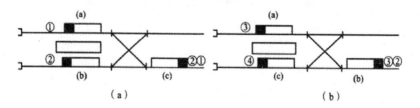

图6-9　终点站站前交替折返作业过程

折返作业过程显示，列车③的到达进路与列车②的出发进路属于平行进路，在列车①驶离车站闭塞分区后即可办理列车②的发车进路，但列车①、②的折返出发间隔时间不能小于追踪间隔时间；而在列车②驶离车站闭塞分区后，应先办理列车④的接车作业，然后办理列车③的发车进路，参见图9-10，因此列车①与列车②、列车②与列车③的折返出发间隔时间可分别由下列公式计算：

$$h_{发}^{(1)(2)} = h > t_{离去} + t_{作业}^{发} + t_{反应} \qquad (6\text{-}15)$$

$$h_{发}^{(2)(3)} = t_{离去} + t_{作业}^{接} + t_{反应} + t_{进站} + t_{作业}^{发} + t_{反应} \qquad (6\text{-}16)$$

式中：$h_{发}^{(1)(2)}$——侧发列车①与直发列车②的折返出发时间间隔（s）；

$\quad\quad h_{发}^{(2)(3)}$——直发列车②与侧发列车③的折返出发间隔时间（s）；

$\quad\quad t_{作业}^{发}$——办理发车进路时间（s），包括道岔区段进路解锁延迟时间、排列进路等时间。

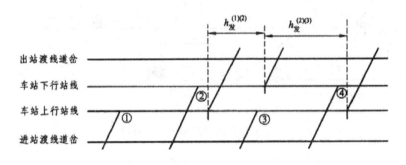

图6-10　$h_{发}^{(1)(2)}$ 与 $h_{发}^{(2)(3)}$ 计算示意图

由于两发车间隔时间不等值，列车折返能力可按平均折返出发间隔时间计算。假设办理接、发列车进路的时间相同,则交替折返时的平均折返出发间隔时间 $h_{发}^{交替}$ 的计算公式为：

$$h_{发}^{交替} = 0.5(h + t_{离去} + t_{进站}) + t_{作业} + t_{反映} \qquad (6\text{-}17)$$

比较式（6-17）与式（6-14）可知，与站前侧到直发折返相比较，采用交替折返时，因乘客上下车作业能与其他作业平行进行，所以能显著压缩折返出发间隔时间，较大幅度提高列车折返能力。

在实际工作中，针对交替折返时存在的 $h_{折发}^{(1)(2)}$ 与 $h_{折发}^{(2)(3)}$ 不等值的问题，折返出发间隔时间可按 $h_{折发}^{(2)(3)}$ 取值，以使列车能按均值间隔从车站出发与运行。此时，由于

$t_{作业}^{发} + t_{反应} < t_{停站}$，列车折返能力显著提高。

（三）中间站折返单向折返

在列车交路为混合交路时，短交路列车在中间站单向折返，长交路列车在中间站停车作业后通过。短交路列车在中间站折返时，根据折返线布置的不同，有站前折返和站后折返两种方式。从兼顾折返作业和接发列车作业的安全角度出发，中间站站前单向折返时宜采用直向到达、侧向出发的进出站运行组织办法。

1.站前直到侧发折返

采用混合交路时，短交路折返列车A在中间站通过站前渡线单向折返，长交路列车B在中间站作业后正常通过，折返列车A由进站渡线道岔外方A（1）处直向进站，停靠车站上行站线A（2），在固定停站时间内乘客上下车完毕，列车由车站侧向出发驶离车站闭塞分区至A（3），然后办理下一列折返列车的接车进路，如图6-11所示。

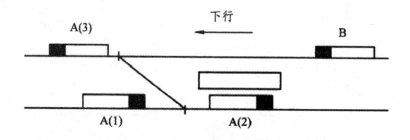

图6-11 中间站单向站前折返作业过程

当折返列车A位于进站渡线道岔外方A（1）处时，即能进入车站站线，此时有最小的折返出发间隔时间。如果进一步考虑长交路列车B的影响，则在折返列车A刚好驶出车站闭塞分区至A（3）时，长交路列车B即能进入车站下行站线，此时短交路列车折返作业和长交路列车接发作业不产生冲突，但仍有最小的折返出发间隔时间，计算公式同式（6-14）。

2.站后尽端线折返

中间站单向站后折返时，典型的折返线布置和折返作业过程如图6-12所示。如果不考虑长交路列车B的影响，短交路折返列车A停靠车站上行站线A（1），乘客下车完毕后进入折返线A（2），在折返线完成相关作业后进入车站下行站线A（3），乘客上车完毕后驶离车站，然后办理下一列短交路折返列车的接车进路。当折返列车A在折返线作业完毕后即能进入车站下行站线，此时有最小的折返出发间隔时间，计算公式同式（6-13）。

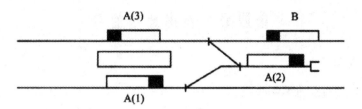

图6-12 中间站单向站后折返作业过程

（四）中间站双向折返

当列车交路为衔接交路时，双方向列车在中间站折返。根据折返线布置的不同，双方向列车在中间站的折返方式主要有站前渡线折返和站后尽端线折返两种。

1.站前渡线折返

双方向列车通过站前渡线折返，有直向到达、侧向出发或侧向到达、直向出发两种折返方式选择，为最大限度避免双方向列车的进路冲突，列车在中间站双向折返时宜采用直向到达、侧向出发的运行进路，如图6-13所示。

设两个短交路区段开行的列车数分别为M和N且M＞N。如果M/N为整数，且能使双方向列车同时到达车站及进行折返作业，此时有最小的折返出发间隔时间，计算公式同式（6-14）。

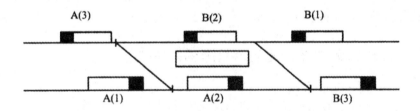

图6-13 中间站双向站前折返作业过程

2.站后尽端线折返

当双方向列车经由站后尽端线折返时，如果两个短交路区段开行的列车数之比M/N为整数，且能使双方向列车同时到达车站，并进行乘降作业与折返作业，见图6-14，此时有最小的折返出发间隔时间，计算公式同式（6-13）。

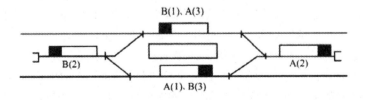

图6-14 中间站双向站后折返作业过程

第四节 使用通过能力

一、使用通过能力确定思路

由于限制最终通过能力的固定设备通常是线路和列车折返设备，轨道交通最终通过能力的计算公式如下：

$$n_{最终} = \frac{3600}{\max\{h, h_发\}}$$ （6-18）

根据式（6-3）、式（6-12）和式（6-18）计算得到的通过能力是理想作业状态下的理论计算能力。在日常运营中，列车运行时分偏离、作业进路冲突、设备故障、行车事故和外界影响等因素引起的通过能力损失不可避免，因此实际可使用的通过能力达不到理论计算的通过能力。

为合理安排列车运能、保证列车运行秩序，有必要在理论计算能力的基础上进一步确定使用通过能力。确定使用通过能力的关键是对引起通过能力损失的因素进行正确的定性、定量分析。式（6-19）通过引入损失时间来计算使用通过能力，损失时间可根据列车晚点、突发事件等运营统计资料或者通过对作业进路冲突的分析，采用解析方法推导确定：

$$n_{使用} = \frac{3600}{\max\{h, h_发\} + t_{损失}}$$ （6-19）

式中： $n_{使用}$——扣除通过能力损失后的实际可使用通过能力（列）；

$t_{损失}$——每列车平均分摊到的损失时间（s）。

二、采用特殊交路对通过能力的影响

（一）中间站单向折返时

列车在中间站单向站前折返时，如果折返进路和接发列车进路存在进路冲突，需要考虑因此而引起的折返列车出发间隔时间的延长，即列车折返能力损失问题。在图6-10中，当折返列车A即将完全驶出车站闭塞分区A（3），而长交路列车B又恰好运行到进站位置时，对列车折返能力的影响最大。根据接发列车作业优先原则，如果让折返列车A在A（2）处等待长交路列车B进站后再出发，由图6-15可知（图中双线为长交路列车运行线），最大折返出发间隔时间可按下式计算：

$$h_{\text{发,max}}^{\text{单,前}} = h_{\text{发}}^{\text{前}} + t_{\text{离去}} + t_{\text{进站}}^{\text{长}} + t_{\text{作业}}^{\text{短发}} + t_{\text{反应}} \tag{6-20}$$

式中：$t_{\text{进站}}^{\text{长}}$——长交路列车从进站位置出发到车站站线的运行时间（s）；

$t_{\text{作业}}^{\text{短发}}$——办理短交路列车发车进路的时间（s），包括道岔区段进路解锁延迟时间、排列进路等时间。

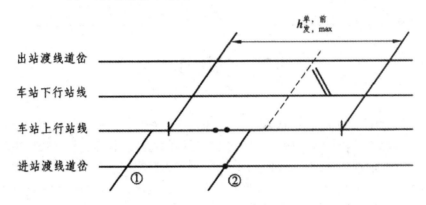

图6-15　$h_{\text{发,max}}^{\text{单,前}}$ 计算示意图

列车在中间站单向站后折返时，若折返进路和接发列车进路存在进路冲突，同样需要考虑因此而引起的折返列车出发间隔时间的延长，即列车折返能力损失问题。在图6-11中，折返列车A由A（2）驶出尽端折返线即将到达A（3），而长交路列车B又恰好运行到进站位置时，对列车折返能力的影响最大。根据接发列车作业优先原则，折返列车A应该在A（2）处待避，待长交路列车B到站停车，乘客上下车完毕和驶出车站闭塞分区，以及为折返列车A办妥发车进路后，折返列车A才能驶离折返线进路运行至车站站线。此时，最大折返出发间隔时间的计算示意图如图6-16（图中双线为长交路列车运行线）所示，计算公式为：

$$h_{\text{发,max}}^{\text{单,前}} = h_{\text{发}}^{\text{后}} + t_{\text{进站}}^{\text{长}} + t_{\text{停站}}^{\text{长}} + t_{\text{离去}}^{\text{长}} + t_{\text{作业}}^{\text{出}} + t_{\text{反应}} + t_{\text{出线}} \tag{6-21}$$

式中：$t_{\text{停站}}^{\text{长}}$——长交路列车停站时间（s）；

$t_{\text{离去}}^{\text{长}}$——长交路列车驶出车站闭塞分区的时间（s）。

综合以上两例可知，因折返进路和接发列车进路冲突引起的折返出发间隔时间延长，站后折返远大于站前折返。因此，短交路列车在中间站单向折返时，采用站前折返方式比较有利。尤其是在行车密度较高的情况下，折返进路和接发列车进路冲突的可能性较大，此时不宜采用站后折返方式。

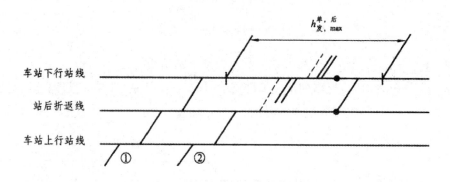

图6-16 　$h_{发, max}^{单, 后}$ 计算示意图

此外，列车在中间站单向站前折返，还有可能对长、短交路的追踪列车间隔时间产生不利影响。长、短交路列车在中间折返站的追踪运行组合有前长后短和前短后长两种。在前行列车为长交路列车、后行列车为短交路列车时，列车在中间站单向折返不引起列车间隔时间增大，即不引起线路通过能力的损失。在前行列车为短交路列车、后行列车为长交路列车时，如果因为接发列车作业优先让短交路折返列车等候长交路列车进站停妥后再出发，就会增大短交路折返列车与前行列车的间隔时间，进而引起线路通过能力的损失。此时最大的列车间隔时间可按下式计算：

$$h_{max} = h + t_{进站}^{长} + t_{作业}^{短发} + t_{反应} + t_{离去} \qquad （6-22）$$

（二）中间站双向折返时

列车在中间站双向站前折返时，如果M/N为非整数，由于双方向列车不能全部同时到达车站并进行乘降作业与折返作业，需要考虑因双方向列车进路冲突而引起的折返出发间隔时间延长，即列车折返能力损失问题。此时的分析思路与采用混合交路方案、短交路列车站前折返时类似，不再赘述。最大折返出发间隔时间的计算示意图类似于图6-16，不同的是图中双线为反方向列车运行线，计算公式为：

$$h_{发, max}^{双, 前} = h_{发}^{前} + t_{离去} + t_{进站}^{反} + t_{作业}^{发} + t_{反应} \qquad （6-23）$$

式中：$t_{进站}^{反}$——反方向列车从进站位置处至车站正线的运行时间（s）。

列车在中间站双向站后折返时，如果 M / N 为非整数，由于双方向列车不能全部同时到达车站，并进行乘降作业与折返作业，同时需要考虑因双方向列车进路冲突而引起的折返出发间隔时间延长，即列车折返能力损失问题。在图6-17中，折返列车由A（2）或B（2）位置驶出尽端折返线即将到达A（3）或B（3）位置，而进站列车B（1）或A（1）又恰好运行到进站位置时，对折返出发间隔时间的不利影响最大。根据接发列车作业优先原则，折返列车A（2）或B（2）应在尽端折返线等待进站列车腾空车站站线后再由尽端折返线运行至A（3）或B（3）位置。由图6-17可知，最大折返出发间隔时间计算公式为：

$$h_{发,\ max}^{双,后} = h_发^后 + t_{进站}^反 + t_{停站}^反 + t_{入线}^反 + t_{作业}^出 + t_{反应} + t_{出线} \qquad (6\text{-}24)$$

式中：$t_{停站}^反$——反方向列车停站时间（s）；

$t_{入线}^反$——反方向列车从车站到达正线至折返线的运行时间（s）。

由式（6-23）与式（6-24）可知，因双方向列车进路存在冲突引起的折返出发间隔时间延长，站后折返远大于站前折返。因此，双方向列车在中间站折返时，不宜采用站后折返方式。

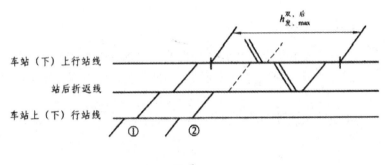

图6-17 $h_{发,\ max}^{双,后}$ 计算示意图

第五节　运输能力加强

一、运能-运量适应分析

在解决运输能力不足问题时，是否需要采取和何时采取提高运输能力的措施，应通过运能-运量适应分析来确定，即根据轨道交通高峰小时现有运输能力能否适应规划年度的高峰小时需要运输能力来确定。高峰小时需要运输能力根据预测的规划年度的高峰小时最大断面客流量计算确定，计算公式为：

$$P_需 = P_{预测}\left(1 + \gamma_备\right) \qquad (6\text{-}25)$$

式中：$P_需$——高峰小时需要输送能力（人）；

$P_{预测}$——规划年度的线路高峰小时单向最大断面客流量（人）；

$\gamma_备$——考虑客流波动的运输能力后备系数，一般可取0.1。

二、运输能力加强途径

运输能力加强主要有建设新线、提高行车密度和增加列车定员三个途径。

（一）建设新线

建设新线，主要是根据轨道交通线网规划新建轨道交通线路，其中也包括既有线路的延伸。通过建设新线，使轨道交通线网逐步扩大，实现网络化运营，从而使运输能力有较大的提高，满足城市公共客运的需求，提高轨道交通线路的服务水平。在国外的一些城市中，建设新线还包括在既有单线基础上建成双线或多线，达到提高运输能力的目的。

（二）提高行车密度

由于建设新线会遇到资金、土地及环保等一系列的困难或限制，并且建设新线也不是在任何客流条件下都是合理经济的。因此，提高既有线行车密度是提高既有线运输能力的基本途径。

提高行车密度时通过能力的提高值可由下式表示：

$$\Delta n_{找路} = 3600\left(\frac{1}{h''} - \frac{1}{h'}\right) \tag{6-26}$$

式中：$\Delta n_{线略}$——提高行车密度后的小时通过能力提高值（列）；

h''——提高行车密度后的追踪列车间隔时间（s）；

h'——提高行车密度前的追踪列车间隔时间（s）。

（三）增加列车定员

通过增加列车编组车辆数、采用大型车辆或优化车辆内部布置来增加列车定员，是提高既有线运输能力的又一途径。但地铁列车编组往往受到站台长度的限制，而轻轨线路在路权混用时，列车编组车辆数较多会在平交道口对其他交通产生一定影响。

增加列车定员时输送能力的提高值可由下式表示：

$$\Delta p = n_{伐路}\left(p_{列}^{n} - p_{列}^{'}\right) \tag{6-27}$$

式中：Δp——增加列车定员后的小时输送能力提高值（人）；

$p_{列}^{n}$——增加列车定员后的列车定员数（人）；

$p_{列}^{'}$——增加列车定员前的列车定员数（人）。

根据国内外轨道交通的运营实践，在扩能途径方面，加强既有线运输能力的步骤通常是先提高行车密度，后增加列车定员，当然也有提高行车密度与增加列车定员两者并用的情形。

三、运输能力加强措施

运输能力加强措施大体上可以分为运输组织措施和设备改造措施两大类。

运输组织措施是指无须大量投资,通过有效使用技术设备和优化运输组织过程,使运输能力达到需要水平的加强措施,如优化列车运行图、合理规定停站时间、科学组织折返作业、改善列车乘务制度以及采用各种短时期内能提高通过能力的措施等。

设备改造措施是指需要较大投资,通过设施、设备的新建,使运输能力达到需要水平的加强措施,如建设新线、改造既有线、采用先进的列车运行控制系统和购置新型车辆等。

(一)线路通过能力加强措施

线路通过能力与追踪列车间隔时间成反比关系,决定追踪列车间隔时间的因素主要是列车停站时间、列车运行控制方式等,而列车停站时间、列车运行控制方式本身又涉及多方面的问题。例如,列车停站时间既与车站的上下车客流量大小、车辆的车门数及车门宽度等有关,也与车站的站台类型与配线设置、中间折返站位置的选择等有关,还与站台的乘车组织、乘客的文明乘车等有关。

基于以上分析,加强线路通过能力的措施主要有:

1.修建双线或四线

在既有单线或双线基础上建成双线或四线,能大幅度提高线路通过能力。但修建四线的情况在国外也不多见。

2.改造线路平纵断面

采用该措施能提高行车速度,进而提高线路通过能力。但会受到诸如工程经济性、施工困难和影响日常行车等因素的制约。因此该措施通常在旧式有轨电车线路改造为轻轨线路时采用,而在既有轻轨或地铁线路的情况下,则更倾向于采取用新型车辆来适应线路条件的做法。

3.增设侧线及站台

在中间站与换乘站的客流较大或因列车在中间站折返对线路通过能力产生不利影响时,可考虑增设侧线及站台。图6-18(a)是侧式站台中间站增设侧线后,侧式站台变成双岛式站台;图6-18(b)是岛式站台中间折返站增设侧线及站台,岛式站台变成混合式站台。中间站增设侧线后,列车在站台两侧轮流停靠平行作业,追踪列车间隔时间中不再包括列车停站时间,能够较大幅度提高线路通过能力。

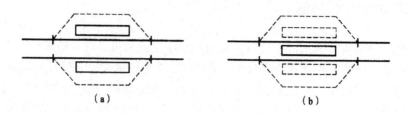

图6-18　中间站增设侧线及站台

　　另一种情形是，岛式站台中间站只增建侧式站台，列车停站时两侧均有站台，乘客可从两侧车门上下车或分开上下车，有利于缩短列车停站时间，提高线路通过能力。

　　在既有线加强运输能力时，该措施一般适用于地面线路。

4. 使用新型车辆

　　新型车辆的含义包括车辆运行性能改善和安装车载控制设备等。车辆运行性能主要包括车辆构造速度、车辆起动加速度和制动减速度等运行参数；车载控制设备主要是指车载ATC设备和道岔自动转换设备等。改善车辆运行性能和安装车载控制设备能提高列车运行速度，缩短追踪列车间隔时间。此外，采用车门数较多的车辆也能有效缩短列车停站时间。

5. 采用先进的列车运行控制系统

　　对三显示带防护区段自动闭塞信号、调度集中控制的轨道交通线路，采用列车自动控制（ATC）系统后能较大幅度提高线路通过能力。ATC系统通常由ATP、ATS和ATO三个子系统组成，实践中也有只采用ATP子系统或采用ATP、ATS子系统的情形。

　　在列车追踪运行过程中，移动闭塞能使后行列车与前行列车始终保持一个自动控制程序规定的最小安全间隔距离，而不是原先固定闭塞时规定必须间隔若干个闭塞分区或轨道电路区段所形成的安全距离。因此，用移动闭塞取代固定闭塞，能较大幅度地缩短追踪列车间隔时间。

6. 分割车站区域轨道电路

　　如图6-19所示，通过分割车站区域轨道电路，增加了一个前行列车离去速度监督等级，当前行列车出清轨道电路段cd，达到被监督速度，后行列车恰好运行至进站线路的a处，见图6-19（A）；当前行列车出清整个车站轨道电路区域时，后行列车已运行至进站线路的a'处，见图6-19（B）。采用该措施可缩短组成追踪列车间隔时间的列车进站运行时间。

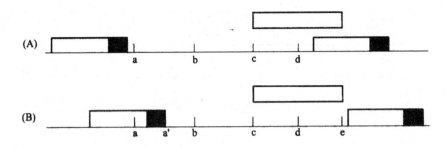

图6-19 分割车站区域轨道电路时列车追踪运行图

7. 加强站台乘车组织

为了减少乘客出站走行距离和避开因乘客较多而引起的检票等待，乘客的候车位置往往选择在离出站口较近的车辆停靠处，而列车内乘客分布的不均匀会造成列车在车站的停站时间延长。因此，加强站台乘车组织，使列车内的乘客尽可能分布均匀，有利于减少列车停站时间。

（二）列车折返能力加强措施

在行车密度比较高的情况下，列车折返能力往往是限制线路最终通过能力、决定列车最终追踪间隔时间的重要因素。列车折返能力与折返出发间隔时间成反比关系。决定折返出发间隔时间的因素主要是折返站的配线布置形式及折返方式、列车停站时间、车站信号设备类型、车载设备反应时间、折返作业进路长度、折返速度、列车长度，以及折返进路与接发列车进路的冲突等。

基于以上分析，加强列车折返能力的措施主要有：

1. 优化折返线布置

优化折返线布置对缩短折返出发间隔时间作用显著。如图6-20所示，终点站有站前、站后两条平行的折返进路，在运营高峰期间可采用混合折返方式。在图6-21中，终点站为双岛环形折返线布置，可增加折返进路、无列车换端作业，缩短了乘客上车时间。在图6-22中，中间站为双岛三线式布置，短交路列车站前折返接入中间线路，列车停站后两侧车门均可打开，长交路列车则停靠站台两侧线路。

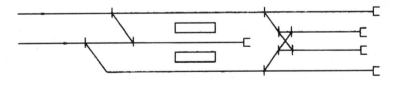

图6-20 终点站平行折返进路布置

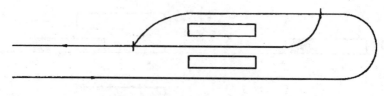

图6-21　终点站双岛环形折返线布置

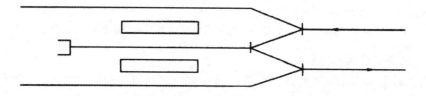

图6-22　中间站双岛三线式布置

2．改变折返方式

当折返线布置一定时，改变折返方式可缩短折返出发间隔时间，如折返线布置为站前交叉渡线时，将侧到直发折返改为交替折返。

在图6-23中，站后设交叉渡线，正线的站后延伸部分为折返线。采用直进I道侧出折返时，前行列车在I道折返未出清折返线时，不能办理后行列车的折返进路，而采用侧进II道直出折返时，列车进入尽端折返线口道即可办理后行列车进折返I道的接车进路。显然，与采用直进侧出折返方式比较，采用侧进直出折返方式有利于压缩折返出发间隔时间。

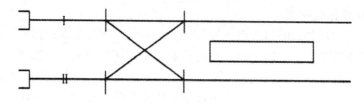

图6-23　站后折返方式比较

3．压缩列车停站时间

在图6-24中，通过增建侧式站台形成一岛一侧站台组合，可以缩短乘客上下车时间，加速列车折返。该措施一般适用于地面线路情况，由于土建工程量较大，是否采用此方式应在与其他提高列车折返能力措施进行技术经济比较后确定。

另外，站前折返时，列车换端作业与乘客上下车作业平行进行也能有效压缩列车停站时间。

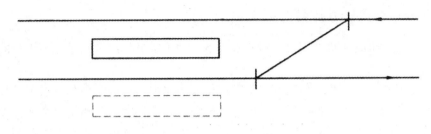

图6-24　一岛一侧站台组合

4．采用自动折返模式

自动折返模式是指折返进路的办理及解锁由中央ATS根据列车折返运行情况自动控制，列车采用ATO驾驶模式进出折返线。采用该措施后，能压缩办理进路时间与折返运行时间，达到加速列车折返的目的。

5．优化轨道电路设计

进路提前解锁，会使后续折返进路或接车进路的办理提前进行，从而减少折返过程中的等待时间。如在站后折返时，分割车站轨道电路能使办理折返列车出折返线进路的时间提前。调整车站轨道电路绝缘节的位置能使办理到达列车接车进路的时间提前。图6-25（a）、（b）分别是轨道电路绝缘节D位置调整前后的示意图，在图6-25（b）中，进折返线的列车尾部出清绝缘节的时间提前，办理到达列车接车进路的时间也将相应提前。

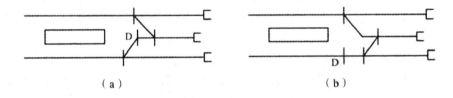

（a）　　　　　　　　　　　　（b）

图6-25　调整轨道电路绝缘节位置

6．道岔的选用与优化设计

自动折返站采用12号道岔有助于提高列车侧向过岔速度，压缩折返运行时间。

在站后尽端线折返时，将单渡线道岔按两副单动道岔设计，只要进折返线列车的尾部越过第一副道岔，该道岔即可由开通侧向转换为开通直向，办理到达列车的接车进路。

7．折返线预置一列车

站后折返时，如因列车到达折返站的间隔较大，当前行列车已出清车站站线，而后行列车还未进入折返线或还在折返线停留过程中，此时在折返线预置一列车可加快列车折返，提高列车折返能力。

（三）输送能力加强措施

在轨道交通最终通过能力一定的条件下，列车定员是决定输送能力大小的主要因素。

列车定员与列车编组车辆数、车辆定员成正比关系。决定列车编组车辆数的因素主要是客流大小及分布特征、列车开行间隔、站台长度、车辆使用经济性和乘客服务水平等；决定车辆定员的因素主要是客流大小、车辆选型和车内布置等。需要输送能力一定时，车辆选型还与车辆编组数量和列车开行间隔等因素有关。

1. 增加列车编组

增加列车编组能大幅度增加列车定员，但列车编组受到站台长度、运营经济性等因素的制约。

在大多数轨道交通线路上，当列车编组达到8辆时，列车长度将接近站台长度。在全日分时客流不均衡程度较大的情况下，采用大编组列车，运营非高峰时间内的车辆满载率一般较低此外，当列车长度接近站台长度时，需要降低列车进站速度以确保列车在指定位置停车，这样会增加停车附加时间，对线路通过能力产生不利影响。

2. 采用大型车辆

国内轨道交通使用的车辆主要有A型车、B型车和C型车三种车型，车辆定员分别为310、230和210人左右。目前，A型车是国内新建地铁线路的首选车型。

车辆定员由车辆的座位人数与站位人数组成。站位面积为车厢面积减去座位面积，站位人数国内现按每平方米6人计算。显然，车辆尺寸大小是决定车辆定员的主要因素。

3. 优化车辆内部布置

在车辆尺寸一定的情况下，将双座椅改为单座椅，或将纵向布置的固定座椅改为折叠座椅，可以增加车辆的载客人数。固定座椅改为折叠座椅后，在运营高峰时间可翻起座椅，增加车内站立人数，提高全体乘客的平均舒适度。

第七章 城市行车安全与应急处置

第一节 行车安全管理含义

一、安全管理理论

风险管理是指识别风险、分析风险、采取防范措施控制风险的一系列过程。风险管理的主体通过风险识别、评估，并在此基础之上主观采取行动，以最经济的方法（回避、减少、分散、转移等方法）妥善地处理风险事件带来的不利后果，以保障安全生产，实现预期的目标。风险不仅仅指静态风险，还包括动态风险，风险管理是以静态风险和动态风险为对象的全面管理。风险处理的方法、流程和程序是风险管理的重要方面。从风险决策的角度出发，风险管理要考虑成本和效益，以最经济的方式合理处置风险，降低风险管理的成本，实现最佳的效益。在一般的工作中，许多人将风险管理和安全管理混为一谈，实际上两者虽关系紧密，但仍存在以下几点区别：

第一，风险管理的内容更为广泛。风险管理不仅仅涉及预测、分析预防事故和管理人机系统这些安全管理的内容，还包括政治、环境等无形风险。

第二，风险安全管理确立了系统安全的观点。随着科技的进步，生产系统的规模不断扩大，系统的构成也越来越复杂。许多系统往往由多个子系统构成，从系统的角度出发，就必须研究每个子系统，同时也要研究各子系统的接口与界面，以达到全面的安全。

第三，安全管理的重点是创造良好的工作环境，促使人机安全生产，以减少事故甚至消除事故。风险管理的重点是尽可能地减少风险带来的损失，二者的重心不一样，控制措施也存在差异。

第四，风险管理研究了事故预测技术。风险管理多为事前管理，预先发现事故的危险因素，并采取措施控制风险，防范事故的发生。而安全管理为事后管理，多从已发生的事故中吸取教训，这必然会付出很大代价。风险管理是在安全管理基础之上的创新及衍生，但其毕竟是在传统的安全管理基础上发展起来的，所以，从安全管理的角度去汲取经验教训，对于风险管理是很有意义的。

第五，SMS是通过对危险进行有效的管理来保证城市轨道交通健康运行的主动措施。简单来说，SMS的本质包括了三个方面：安全、管理和系统。

（一）安全

SMS建立的核心和目标就是安全。安全究竟该怎样定义？有人说安全就是没有潜在的危害，不出事，不发生事故。这样的定义针对地铁安全来说未免显得有些浅显和武断，我们应该用产生后果的可能性和严重性反过来对安全进行描述。因此，当得出的风险值超过了设定的安全值时，我们就说这是不安全的。这样的安全定义可能完全颠覆了传统思维意识中对安全的理解，感觉可能更抽象化，但只有这样才能更客观、理智、科学地评价安全。

（二）管理

要想实现安全这个目标，就要运用管理的手段。传统的管理可能被理解为管理人、物或事件，而这里的管理可以定义为使用质量管理技术进行安全保证。管理不是目的，它是一种手段，一种持续的过程，不是针对人或事，只是为了达到安全目的，对安全相关的运行和支持过程持续进行的质量管控。管理之前，要对潜在的危险源进行风险评价，若超出了可控的允许范围，就需要对此采取风险控制措施。举个例子：列车上少了一个螺钉，根据风险评价后得出，此风险的量化数值超过了可允许范围内的数值，然后管理者要求维修人员对其进行修复，并且以后也会一直关注。这就是一种质量管理行为，目的是使列车能够安全运行，而且管理者每天会持续地对列车的安全运行进行监管，它是一种动态的管理过程。

（三）系统

这里讨论的安全也是有载体的，是在一定的系统内的。根据官方定义，系统就是一组相互作用、相互关联或相互依赖的要素组成的一个统一整体。针对航空公司来说，整个航空公司有关安全运营的各项相关内容构成了一个系统，它们相互作用、相互影响，最终都为了一个共同的目的一用飞机安全正点地把旅客送往目的地。根据上述的分析可以得出以下结论：SMS的建立是在一定的系统内，是有范围的。

二、安全管理模式

城市轨道交通运营安全管理模式主要包括总体方针、基本要素、运行模式三方面内容，分别体现了安全管理系统中宏观指导、结构分析、操作方式三个层面的内容与方法。

（一）总体方针

城市轨道交通运营安全管理模式的总体方针是城市轨道交通运营企业对其在安全管理方面的意向和原则的声明，实施城市轨道交通运营SMS的全过程是在这个方针的指导下进行的。它通常由组织的最高管理者制定，是指导思想和行为的准则，需要指明企业在安全方面的努力方向，提供规范企业行为和制定具体目标的框架，包括了全体员工与安全管理的全部活动。所有的计划、措施、行动都应符合方针，为实现安全管理的方针服务。良好的安全管理方针能指导组织有效地实施和改进其SMS，同时，安全管理方针也在这样的过程中得到必要的修正。城市轨道交通运营安全管理模式总体方针的制定及管理应该符合以下几个要求：

第一，方针应当遵循法律法规，没有相关规定时，可以选用城市轨道交通行业标准。

第二，方针应当包含对在城市轨道交通运营安全水平改进的绩效承诺，并说明方针适用期。

第三，方针需要体现运营全过程中的安全管理思想。

第四，安全管理方针应当与城市轨道交通运营其他方面的管理方针一致并且具有相同的重要性。

第五，安全管理方针应当形成文件，例如写在安全管理手册的开头部分。

第六，方针应当包括持续改进的承诺，因为使风险最小化的努力是没有穷尽的，应当根据SMS实施的情况及时改进安全管理的总体方针。

第七，全员参与是实现方针的保证，所以方针要传达到每一位员工，使每一位员工意识到自己在安全运营方面的义务。

第八，方针应当公之于众，接受上级及广大乘客的监督。

第九，作为安全管理模式的核心内容，方针应当定期评审，确保其适用性。

（二）基本要素

城市轨道交通运营安全管理模式共包括4个方面、14个基本要素，如图7-1所示。

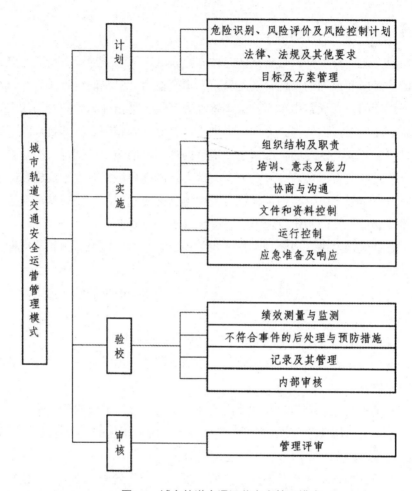

图7-1　城市轨道交通运营安全管理模式

1. 危害识别、风险评价及风险控制计划

危害是指可能造成人员伤害、财产损失、作业环境破坏或其组合的根源或状态，即事故的原因。这种根源来自人、设备、环境和管理4个方面，也即人的不安全行为、设备的不安全状态、不良环境因素以及管理缺陷。当危害造成损失的时候，风险就随之出现。对危险的识别应当包括5个方面的内容：

第一，日常运营活动。

第二，周期性的检修活动。

第三，所有工作人员及乘客的活动。

第四，可以预见的紧急情况。

第五，所有的设施设备。

对所有识别出来的危害，应评价其风险程度，确定不可容许的风险，并对这些不可容许的风险制定控制计划，将它们降低为可以容许的风险，这些控制计划应当是预防性的而不是事后性的。对于评价的结果以及控制方法实施的效果，应当形成文件，并保持这些信息的实时更新。

2．法律、法规及其他要求

守法是安全管理的最基本要求，所以应当及时准确地获取相关的法律法规。对获取到的法律法规应指出其哪些条款适用于哪些部门，并将这些信息记录在案，保持信息实时更新。应将法律法规传达给每一个员工，必要时可以进行法律法规及其他要求的培训，保证员工遵守。

3．目标及管理方案

建立安全管理的目标，既要针对运营过程中各职能部门的共性安全问题，也要注意各职能部门的特殊安全问题。对于目标的要求有以下几点：

第一，目标要针对所确定的不可容许的风险，使其降低到可以允许的程度。

第二，目标应当尽可能量化。

第三，要考虑资源的充分性和选择技术方案的可操作性。

第四，目标要定位于相关的职能部门。

第五，有开始和完成的时间限制。

对应每一个安全管理的目标应当有一个相应的管理方案，方案的内容包括以下几个方面：

第一，确定担任各项任务的职能部门、人员以及他们的职责和权限。

第二，对各项任务分配适当的人力、财力、设备、技术等资源。

第三，完成任务的方法及进度。

4．组织结构及职责

对活动进行管理、实施和检验的人员对于城市轨道交通运营安全的活动、设备设施、过程的安全风险有很大的影响，所以应当规定他们的职责、作用和权限，并形成文件予以沟通，以便于安全管理的实施。应对其职责、作用和权限进行规定的人员如下：

第一，最高管理者。最高管理者应当具有承担安全管理责任、批准安全管理仿真、任命安全管理代表以及为安全管理提供资源和主持评审的职责。

第二，安全管理者代表。他需要得到SMS绩效的汇报，这里需要注意，安全管理的职责与运营职责并不矛盾。

第三，各职能部门的业务经理。

第四，安全培训人员。

第五，特种设备负责人。

第六，设施设备操作人员等。

通过职责的划分最终要达到：对于所有的安全管理事务，要事事有人管，一事一主管。不能有的事务没有人管理，有的事务多头管理。

5．培训、意识及能力

在安全管理过程中，全体人员都应该具备完成影响安全目标任务的能力，这就需要根据适当的培训对其能力进行判定。培训时需要确定每一个智能级别的人员所需要的能力，并针对不同人员制定系统化的计划对其进行培训。要定期评审培训的效果，并对培训内容进行实时的改进。根据具体情况制定一套人员安全能力评价的方法和标准，并以此作为确定培训需求和绩效考核的依据。

6. 协商与沟通

沟通包括与外部的沟通和内部的沟通。其中，内部沟通包括各职能部门及单位之间的横向和上下级之间的纵向安全信息的沟通。沟通的内容及方式应在安全管理文件中作出明确的规定。外部沟通包括：

第一，接收并传达来自执法机构的法律和其他要求信息，并向执法机构汇报检测结果、应急计划、事故处理情况以及就安全管理事务进行沟通并取得支持。

第二，接收乘客投诉并进行记录，认真调查研究、处理和回复。

第三，向外界展示安全管理的方针和绩效。

城市轨道交通运营方应当建立与员工协商和沟通的专门组织，通过该组织实现同员工制度化、无障碍沟通和协商。

7. 文件和资料控制

建立文件的目的是把安全管理的要求化为具体实践，文件可以确保安全管理得到充分的理解和有效的运行。文件需要提供对管理核心要素及其相互作用的描述，并提供查询相关文件的途径。当然在满足有效性和保证效率的前提下，文件应该力求最小化。SMS应当对其文件和资料进行有效的控制，从而确保文件：

第一，能够准确定位。

第二，进行定期评审，必要时予以修订并由授权人员确定其适用性。

第三，凡是对安全体系的有效运行具有重要作用的岗位，都能得到有关文件和资料的现行版本。

第四，及时废止失效的文件和资料或采取其他方式防止误用。

第五，出于法律和保留知识的需要而归档的文件和资料，要予以适当标志。

8. 运行控制

运行控制的目的是对所有需要控制的风险的运行和活动实施有效控制，使与这些运行和活动有关的风险都处于受控状态。对于经过评价需要进行控制的风险（主要是不可容许的风险），应建立文件化的程序。运行标准应当清楚到现场操作人员可以看懂并指导怎么去做的程度，这些运行标准可以来自相关法律法规、标准、规范、惯例等。

9. 应急准备及响应

应急系统应能够对这些突发事故或紧急情况做出响应，以预防或减少事故或紧急情况造成的伤害和损失。应急管理应当包括预防、预备、响应和恢复4个方面，因此，应急准备与响应不仅是为了减轻后果，甚至还可以预防更大规模的事故发生。应急计划包括以下内容：

第一，应急机构。

第二，应急期间负责人以及所有人员的职责，特别是起特殊作用人员的职责（如消防人员）。

第三，对内警报、对外通报和联络。

第四，疏散程序。

第五，重要记录和设备的保护以及危险物品的处理。

第六，应急期间必要的信息包括装置布置图、危险物质数据、程序、作业指导书、联络电话号码等。

第七，必备的应急设备有报警系统、应急照明和动力设备、逃生工具、重要设备的隔离阀、开关和切断阀、消防设备、急救设备、通信设备等。

第八，绩效测量与监测

绩效是指依据安全管理的方针和目标控制安全管理方面所取得的可以测量的成效。绩效的测量用来说明方针和目标是否正处于实现之中，控制措施是否已经得到实施并且行之有效，对员工的培训、协商与交流的计划是否行之有效，可用于评审或改善的信息是否正在产生和被使用。监测是指对于每个重要的监测项目规定监测的场所、频次、方法，包括了依据的标准、测量设备、监测实施者和监测的结果。监测与测量的内容应当包括以下内容：

第一，安全管理需要的定性和定量的测量。

第二，对目标达到程度的测量。

第三，预防性的绩效测量，监测遵守安全管理方案、运行标准及适用法规的情况。

第四，事后性的绩效测量，监测事故、事件（包括未遂事件）和安全管理绩效其他不良表现的历史证据。

第五，要保留足够的测量数据和结果的记录，以便对以后的纠正和预防措施进行分析。当然，运营单位应当及时对测量和监测需要的设备进行维修和校准，保证监测和测量记录的准确性。

三、运行模式

为了保证城市轨道交通运营安全管理模式的持续有效性，本模式采用持续改进的运行模式，如图7-2所示，即在安全管理的总体方针确立之后，整个管理体系按照PDCA（plan-do-check-action）的模式循环运行。

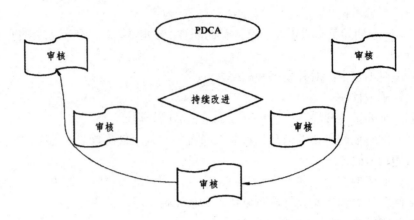

图7-2 安全管理的运行模式图

按照上述模式运行可以使得安全管理的绩效随时间不断提高，每一次新的循环开始时的绩效水平都比上一次循环要高，具有螺旋上升的效果。

第二节 行车安全保障技术

城市轨道交通行车组织工作是城市轨道交通的中心工作，指在运输生产的过程中，为完成运送乘客的任务所进行的一系列与运输有关的工作，它肩负着指挥列车运行、保证行车安全、提高运输效率的重要职责。

一、行车人员基本要求

（一）行车调度员

作为实现列车时刻表的实际组织者，行车调度员肩负着控制整体系统、指挥列车运行、处理突发事件的重大责任。

（二）司机

身为行车组织的最前线执行人员，司机肩负着安全驾驶列车、快捷运送乘客、保证人身安全的重大责任。

（三）车站人员

车站人员要确保自动化设备和所提供的服务能满足乘客的需求，也要保障在车站管辖范围内乘客的安全；车站的运输服务工作需要与控制中心紧密合作，车站人员随时准备执行行车调度员的命令，协助行车调度员完成行车组织工作，根据客流状况做出适当的安排措施。

（四）车厂人员

车厂人员是行车组织工作中重要的后勤保障人员，为正线列车安全运营提供状态良好的列车，要求各岗位人员认真做好列车检修、维护及准备工作。

二、行车组织规章

对城市轨道交通运营企业而言，技术管理的核心是规章制度，它是规范人员生产活动的行为准则。各岗位人员只有严格执行规章制度才能使得规模庞大且技术复杂的系统有序、安全而高效地运转。

具有"企业宪法"性质的是《技术管理规程》（以下简称《技规》），它在设备的技术基础上规定了城市轨道交通的运营宗旨、企业精神、技术规范、服务要求、管理规则、指挥系统等运营系统的规则及带有规律性的问题，可以统领和规范列车运行、客运服务、检修保障三大系统的生产活动，以适应城市轨道交通的运营需求。

具有系统性、规范性质的"规则"有《行车组织规则》《客运组织规则》《行车调度工作规则》《事故处理规则》以及设备设施的《运行检修规则》等。这些规则在《技规》原则的指导之下，在各系统设备技术基础上制定，以规范各系统的日常生产活动，其中：

《行车组织规则》是列车运行系统的行为规则，它在列车、线路、车站设施、信号及通信系统的技术基础上，在列车不同的运行模式（如正常、晚点、故障等）下规范调度员、司机、车站及各系统设备值班人员的活动。

《客运组织规则》是客运服务系统的行为准则；设备设施的《运行检修规则》是检修保障系统的行为规则。

《事故处理规则》则是为贯彻安全第一的方针，保障运行、检修、服务工作人员及设备安全而编制的以预防为主导，事故发生后的调查、处理的各项规定。

此外还有各专业、各工种、各单位作业更详细且更具有针对性、操作性更强的技术管理方面的制度、工艺、办法等，如"车站管理细则"、各专业的具体规则和作业办法。

一系列的规章制度系统地涵盖了运营系统的每一个技术角落，使得日常的运营和故障的处理均有章可循，从而保证了城市轨道交通运营这一庞大的联动运输机构的正常运行，更好地保证"城市动脉"的畅通和社会的发展。

第三节　全自动运行系统的安全保障

一、全自动运行系统的安全动作

（一）行为安全

全自动运行系统可以替代司机执行全部的控车操作和测试工作，实现列车运行全过程（包括正线、车厂）的自动安全防护，像司机一样进行驾驶活动。

全自动运行系统的车载设备具备在进入全自动运行区域前检查列车状态的能力，以保证车载设备能执行后续运行过程中的全部操作。全自动运行系统可根据运行图自主地从休眠状态自动唤醒，自动完成列车上电自检、设备自检、静态测试、动态测试等30余项全面列车检查，包括以往人工不进行的测试项和无法实现检查的测试项，如：车辆设备自检、车载设备自检、网络通信自检、照明测试、开门测试等。测试完成后，列车将检查结果自动上报给控制中心，控制中心根据上报的检查结果，决定是否唤醒列车。

列车唤醒前的全面检查可以大大降低列车在正线运营故障发生的概率，确保运行安全和运营效率。

同时，系统具备根据时刻表自动驾驶列车投入正线运营、完成站间行驶、到站精准停车、自动开关车门、自动发车离站、自动回库、自动休眠、自动洗车等一系列功能。列车运行全过程自动化，将司机从单一重复的作业中解放出来，进一步降低运营人员的工作强度，减少人为因素对运营的影响，从而减少人为误操作导致安全事故的发生，提升系统安全性、运营能力、自动化程度和运营维护功能。

（二）运营安全

第一，乘客在站台候车或上车后，乘客信息系统、广播系统等会为乘客提供列车运行与到站预告信息，协助乘客获得列车信息。正常情况下，全自动运行系统与传统CBTC系统提供给乘客的候车信息是没有本质区别的，但在紧急情况下，如列车或车站火灾时，乘客信息系统、广播系统等可以通过更多的联动功能，为乘客提供更完善的应急响应指引。

第二，乘客乘降过程是城市轨道交通运营中与乘客交互风险较大的阶段，为避免乘客在车厢间、车辆和站台间受到伤害，确保乘客乘降过程的安全，全自动运行系统具备以下特点：

①全自动运行系统相对于传统CBTC系统增加了车门故障隔离屏蔽门和屏蔽门故障隔离车门功能，当某屏蔽门或车门发生故障时，故障对应的屏蔽门故障指示灯点亮，乘客可根据指引选择其他屏蔽门上车，系统联动播放列车广播告知乘客对应

的车门无法打开，乘客根据广播指引选择其他车门下车。

②由于拥挤、乘客故意扒门或其他情况，导致车门自动尝试三次关闭仍无法关闭时，因全自动运行系统中车上无司机进行确认，系统设定该车门进入防夹状态，保持开启，站务人员确认站台安全，可以关门后，按压站台关门按钮，再次关闭车门和屏蔽门，列车检测动车条件满足后，才能动车离站。

③全自动运行系统通过增加安全检查设备，对每个车门关闭后与屏蔽门之间的空闲情况进行检查，只有安全检查设备认为车辆与站台间无杂物时，才输出满足车辆启动安全条件，允许车辆发车，以确保乘客乘降过程的安全。

第三，列车上安装紧急手柄供乘客使用，当乘客使用该功能时，对控制中心报警、站台区域的列车紧急制动，打开车门且不关闭，需工作人员上车处理；区间运行的列车将维持进站，列车进站停妥后打开车门且不关闭，同样需工作人员上车进行处理。

第四，列车上安装紧急通话装置。通过该装置，乘客能够及时与控制中心联系，以便控制中心人员及时了解、掌握现场情况，并快速做出适当决策，如立即停止运营并启动相关安全程序。

第五，在出现紧急情况时，如行驶过程中车辆车门状态丢失、车辆发生火灾、车辆网络故障等，传统CBTC系统列车会立即紧急制动或切除牵引，而全自动运行系统下，只要站台是安全的，列车将维持进站对位停车，控制中心根据应急处理程序，通过广播、乘客信息系统等方式进行客流组织，最大限度地保证乘客安全，同时减少乘客滞留区间的时间。

（三）功能安全

全自动运行系统支持全天候（7×24h）不间断运行，如果系统中任意一点出现故障，就有可能造成服务质量的下降甚至行车的大面积延误，在存在设备故障的情况下，系统应仍能保证行车安全。为实现上述目标，全自动运行系统使用充分的备用和冗余来应对意外状况。信号在既有设备冗余的基础上，增强了冗余配置，包括：头尾终端设备冗余，ATO冗余配置，与车辆接口冗余配置，二乘二取二、三取二，控制中心和备用控制中心等。车辆方面则加强了双网冗余控制，增加与信号、PIS的接口冗余配置等。

全自动运行系统同时解决传统无线干扰的问题。由于现有车地通信依据WLAN提出，既有线路存在使用公网频段导致抗干扰性差、覆盖范围窄导致切换频繁以及高速移动性能差等不足，因此改善车地通信的可靠性迫在眉睫。全自动运行系统改用LTE车地通信方案，覆盖范围广，避免切换频繁，为高速移动提供了保障。

（四）应急安全

全自动运行系统能及时响应列车运行过程中发生的各种突发紧急情况，向控制中心报警并及时采取措施，以降低乘客风险，控制事故影响范围，尽快恢复正常运营。对此，全自动运行系统提供了一系列措施和方法去协助监视、解决列车运行过程中遇到的故障，如车辆在碰撞障碍物或检测到脱轨后，列车将紧急制动，并向控制中心报警，同时联动区间CCTV将事故区域画面上传。全自动运行系统可根据事故列车所处位置建立相应的防护区，防护区域内列车紧急制动，区域外列车按移动授权正常运行，但无法进入事故防护区域内，以防事故影响范围的扩大。待人工现场清除障碍物并确认未有遗留后，由控制中心远程复位障碍物/脱轨检测传感器，人工确认具备继续运行的条件后，司机人工驾驶列车动车。障碍物/脱轨信息引起的系统响应动作只能在控制中心下达复位命令后才可缓解，否则会一直保持。

除此之外，全自动运行系统针对不同类型的突发事故均能实现各系统间的快速联动，防止事故影响范围扩大的同时，也方便控制中心及时了解、掌握现场情况，做出判断并采取措施，提高了整个运营系统的安全性、可靠性及灵活性。

（五）维护安全

如遇工作人员需进入正线轨行区作业、车厂自动控制区域作业或紧急情况下列车区间疏散等情形时，为保障乘客及维护人员的人身安全，全自动运行系统增设SPKS开关。在乘客和工作人员进入全自动运行区域前，车站值班员在接到控制中心指令后，将SPKS开关置于防护位，以建立相应的防护区，区域外的列车不能进入该区域，区域内的列车制动停车或保持静止状态不发生移动，保证工作人员或乘客在该防护区域内行走安全，该状态将一直保持至车站值班员将控制SPKS开关置于非防护位。

车站值班员亦可通过操作站台紧急停车按钮或由控制中心对单列车下达紧急制动指令，使列车停车无法移动，以保障乘客及维护人员的人身安全。

车厂范围内自动控制区与非自动控制区则采用物理隔离措施，出入口设置门禁系统，以保障维护人员的安全。

二、全自动运行系统的安全优势

全自动运行系统相较于传统CBTC系统而言，存在以下优势：

第一，从列车运营角度来说，全自动运行系统可以为正线与车厂的车辆运行提供全方位风险防控功能。传统CBTC系统仅为正线运营提供碰撞和脱轨安全功能的防护，在车厂一般由司机负责列车运行安全，系统仅提供基础超速防护功能。

第二，从现场作业人员的角度来说，全自动运行系统引入无人区概念，构建出封闭的列车运行轨道，同时增加轨旁SPKS开关，提供进入无人区后的安全防护，确保轨旁作业人员的安全。相反，传统CBTC系统无法提供自动防护手段，现场作业人员的安全防护完全靠管理手段实现。

第三，从乘客角度来说，与主要通过司机瞭望等一系列操作规程和信号系统有关车门的允许指令来保证乘客上下车安全不同，全自动运行系统通过增加安全检测设备，对单个车门和屏蔽门进行授权等手段，全面防护各类异常场景，实现乘客上下车安全的全面自动防护。

第四，从应急角度来说，全自动运行系统通过增加检测设备，将成熟的应急预案操作过程纳入系统范畴，在出现异常情况时，系统第一时间自动进行安全防护，保证轨道交通系统能够维持安全高效地运作，仅当设备无法进一步处理紧急事件时，才要求运营人员介入系统安全防护工作。而传统CBTC系统在出现上述紧急情况时，仅能够通过将列车驾驶权完全交给司机，并执行运营方制定的各类应急预案来确保应急安全。

第四节　运营事故分类及处置

一、运营事故的分类

运营事故按照事故的性质、损失及对运营造成的影响，分为特别重大事故、重大事故、较大事故、一般事故等四类。

（一）特别重大事故

运营事故造成下列后果之一的为特别重大事故：

第一，人员死亡30人以上；

第二，人员重伤100人以上；

第三，直接经济损失1亿元以上；

第四，特别重大火灾。

（二）重大事故

运营事故造成下列后果之一的为重大事故：

第一，人员死亡10人以上30人以下；

第二，人员重伤50人以上100人以下；

第三，中断正线行车6h以上；

第四，直接经济损失5 000万元以上；

第五，较大火灾。

（三）较大事故

运营事故造成下列后果之一的为较大事故：

第一，人员死亡1人以上10人以下；

第二，人员重伤10人以上50人以下；

第三，中断正线行车3h以上；

第四，直接经济损失1000万元以上；

第五，一般火灾。

（四）一般事故

一般事故按事故损害程度或对运营造成影响程度分为一至六级安全事件。

1. 一级安全事件

一级安全事件指造成下列后果之一，但损害后果不够较大事故条件时：

第一，员工重伤1人以上或轻伤5人以上；（经劳动能力鉴定后未构成伤残等级或非生产原因发生的工伤不纳入考核）

第二，责任乘客重伤3人以上或轻伤10人以上；

第三，中断正线行车1h以上；

第四，直接经济损失100万元以上；

第五，正线列车冲突；

第六，正线列车脱轨；

第七，正线列车分离；

第八，正线挤岔；

第九，正线列车非法逆行；

第十，正线接触网塌网（造成30min以上行车中断的）；

第十一，集团公司、运营总部决定列入本级的。

2. 二级安全事件

二级安全事件指造成下列后果之一，但损害后果不够一级安全事件条件的：

第一，员工轻伤1人及以上；（非生产原因发生的工伤不纳入考核）

第二，责任乘客重伤1人以上或轻伤5人以上；

第三，直接经济损失50万元以上；

第四，中断正线行车30min以上；

第五，首班车晚开30min以上；

第六，正线发生起火冒烟火险，致使消防车出动现场扑救的；（指非外部原因导致的）

第七，车厂线调车冲突；

第八，车厂线调车脱轨；

第九，正线接触网塌网；（造成30min及以下行车中断的）

第十，车厂线接触网塌网；

第十一，车厂线滑触线塌落；

第十二，运营时间内屏蔽门非正常开启致使人员、物品跌落轨行区或造成不良社会影响；

第十三，集团公司、运营总部决定列入本级的。

3．三级安全事件

三级安全事件指造成下列后果之一，但损害后果不够二级安全事件条件的：

第一，直接经济损失25万元以上；

第二，未经批准向占用区间发出列车；

第三，未准备好进路或错排进路接、发列车；

第四，未经批准，向占用线接入列车；

第五，正线列车、工程车、车辆溜逸；

第六，正线列车运行中，因设备设施超限、车辆超限、装载货物超限、装载货物掉落、车辆部件脱落等损坏地铁设备，造成全部或部分退出运行的；

第七，轨行区内设备（如消防水管、接触网、屏蔽门等）或存放的维修用工器具或施工后遗留的物品等侵限与列车相碰的；

第八，列车运行中，齿轮箱、抗侧滚扭杆、牵引电机、空压机和牵引、制动电器箱等车辆整体重要部件脱落的；

第九，无驾驶资格操纵列车；

第十，列车运行中擅自切除车载安全防护装置；

第十一，正线接触网、接触轨供电系统发生错误停、送电；

第十二，运营时间内轨行区积水漫过轨面；

第十三，未按规定安装或撤除接触网、接触轨等高压设备接地保护装置；

第十四，未按规定撤除放置在钢轨上的工器具或防护设备；

第十五，正线走行轨由轨头到轨底贯通断裂；

第十六，乘客通过隧道内疏散；

第十七，运营时间内未经批准进入隧道内行走或隧道内施工作业未进行请销点；

第十八，列车错开车门；

第十九，列车在运行中开启车门或未关闭车门动车（行调允许时除外）；

第二十，车厂线调车挤岔；

第二十一，集团公司、运营总部决定列入本级的。

4．四级安全事件

四级安全事件指造成下列后果之一，但损害后果不够三级安全事件条件的：

第一，单个车站停止服务1h以上；

第二，运营期间不明人员闯入轨行区；

第三，未经批准列车全列载客进入辅助线或车厂线；

第四，隧道内设备位移侵限；

第五，正线列车冒进信号；

第六，未办或错办列车手续发车；

第七，车厂线接触网、接触轨供电系统发生错误停、送电；

第八，运营时间内系统设备子系统全线瘫痪1h以上；

第九，非运营时间内未经批准进入隧道内行走或隧道内施工作业未进行请销点；

第十，车厂线机车车辆停留未采取制动措施；

第十一，车厂线调车未撤除止轮设施开车；

第十二，车厂线列车运行中，因设备设施超限、车辆超限、装载货物超限、装载货物掉落、车辆部件脱落等损坏地铁设备；

第十三，列车夹入动车；

第十四，正线临时限速运行120min钟以上的；

第十五，控制中心调度有线和无线通信系统全部中断10min以上；

第十六，车厂线走行轨由轨顶到轨底贯通断裂；

第十七，车厂内工程车、车辆溜逸；

第十八，由于设备设施故障、操作流程失误或火灾等情况产生的车站限流120min以上；

第十九，错发、错收、错传，或漏发、漏收、漏传行车调度命令；

第二十，正线、车厂线接触网、接触轨停电类施工，漏停电；

第二十一，正线列车、工程车在道岔区段运行中，错误转动道岔；

第二十二，轨行区内作业擅自扩大施工作业区域且进入的区域为行车区域或其他线路；

第二十三，接地线挂接位置错误，造成供电系统跳闸或短路；

第二十四，发生明火冒烟导致启动人员疏散的；

第二十五，非正线发生起火冒烟火险，致使消防车出动现场扑救的；

第二十六，集团公司、运营总部决定列入本级的。

5. 五级安全事件

五级安全事件指造成下列后果之一，但损害后果不够四级安全事件条件的：

第一，直接经济损失10万元以上；

第二，列车救援时间30min以上；

第三，单个车站停止服务30min以上1h以下；

第四，列车夹物行车三站两区间以上；

第五，无操作资格或无调度命令或错误操作行车、供电等重要设备；

第六，运营期间，车站正常照明全部熄灭30min以上；

第七，控制中心调度有线或无线通信系统中断60min以上；

第八，车厂线内施工作业未进行请销点；

第九，车厂线调车冒进信号；

第十，非运营时间内轨行区积水漫过轨面；

第十一，施工作业未按要求设置或撤除安全防护装置；

第十二，运营时间内设备系统子系统瘫痪影响单个车站运营服务2h以上；

第十三，未经批准关闭、屏蔽防灾设备的；

第十四，气体灭火系统未正常启动的；

第十五，正线信号1个以上联锁子系统故障30min以上的；

第十六，接触网、接触轨供电出现断续持续1h以上；

第十七，整侧屏蔽门不能打开或关闭2h以上；

第十八，正线、辅助线、车厂线列车带电进入无电区；

第十九，信号系统ATP、ATS之一系统故障2h以上；

第二十，车站、列车乘客群体性恐慌处置未按规定疏导乘客的；

第二十一，集团公司、运营总部决定列入本级的。

6．六级安全事件

六级安全事件指造成下列后果之一，但损害后果不够五级安全事件条件的：

第一，直接经济损失3万元以上；

第二，火警事件（出现明火或冒烟）；

第三，单个车站停止服务30分钟以下；

第四，未经批准应停列车在站通过或通过列车在站停车进行乘降作业（紧急情况除外）；

第五，运营期间，车站正常照明全部熄灭10min以上；

第六，控制中心调度有线或无线通信系统之一全部中断10min以上；

第七，其他施工作业未进行请销点；

第八，人工准备进路手摇道岔超过30min；

第九，未经批准，超出设备限界安装设备；

第十，未经批准改变供电、信号、轨道、车辆、通信、消防系统技术参数或运行模式的；

第十一，涉及人身安全和行车安全的隐患未采取临时防护措施；

第十二，错误或误操作启动气体灭火系统的；（设备正常启动的不纳入考核，气体误喷的不以直接经济损失核算事故损失）

第十三，车辆零部件或检修工具器掉落轨行区的；（指可能对行车造成影响的）

第十四，检修材料、工器具遗留轨行区的；（指可能对行车造成影响的）

第十五，工程车救援；

第十六，车站FAS、EMCS、BAS系统瘫痪4h以上；

第十七，UPS、EPS在线保护功能失效导致负荷无法工作且影响行车的；

第十八，系统瘫痪影响单个车站运营服务30min以上，120min以下的；

第十九，车辆段微机联锁系统故障30min以上且影响列车出回厂的；

第二十，车站水淹；（起点按六级处理，并按水淹造成的具体影响适当上升级别）

第二十一，集团公司、运营总部决定列入本级的。

（五）相关定义解释

出入段线及连接正线的辅助线发生事故比照正线发生处理，其他辅助线发生事故比照车厂线发生处理。本标准中的"以上"均包括本数，所称的"以下"不包括本数。

1．调车

系指除列车在正线运行、车站（车厂）接发列车作业以外的一切工程车、车辆或列车有目的的移动。

2．直接经济损失

系指运营总部设备损失费用及事故救援、伤亡人员（不含人身保险赔偿费用）处理费用。设备报废时，按设备账面价值减除折旧及残值计算，破损的设备按修复费用计算。

3．重伤、轻伤

"轻伤""重伤"按照《劳动部关于重伤范围的意见》和国家标准《企业职工伤亡事故分类》的有关条款确定。

4．火灾

第一，特别重大火灾，指造成30人以上死亡，或者100人以上重伤，或者1亿元以上直接财产损失的火灾；

第二，重大火灾，指造成10人以上30人以下死亡，或者50人以上100人以下重伤，或者5000万元以上1亿元以下直接财产损失的火灾；

第三，较大火灾，指造成3人以上10人以下死亡，或者10人以上50人以下重伤，或者1000万元以上5000万元以下直接财产损失的火灾；

第四，一般火灾，指造成3人以下死亡，或者10人以下重伤，或者1000万元以下直接财产损失的火灾。

5．正线发生起火冒烟火险，致使消防车出动现场扑救的

其中正线是指以进厂信号机XJ1、XJ2为界的正线线路、与正线连接的辅助线及各车站管辖范围，以及站外地铁公司所属构造物。

6．冲突

系指列车、工程车、车辆相互间或与设备、设施（车库、站台、车挡等）发生冲撞导致列车、工程车、车辆及设备、设施破损。

7．脱轨

系指列车、工程车、车辆的车轮落下钢轨轨面（包括落下后自行复轨）。

8．整备作业

系指列车、工程车、车辆在车厂、站线进行检查、试验设备功能、清扫等作业。

9．中断正线行车

系指在地铁运营的正线上造成堵塞阻隔状态，不论事故发生在区间或站内，造成双线区间或双线区间之一不能行车时，即为中断正线行车。计算中断正线行车时间由事故发生造成堵塞行车时起（火灾爆炸时由停车时算起）至实际恢复列车正常行车条件的时间止；非运营期间内中断正线行车时间由运行图规定第一列到达或通过该地点的时间起至实际恢复行车条件的时间止（实际恢复行车条件的时间以事故现场实际的开通时间为准）。

由车辆段至正线的联络线或与正线相连接的折返线、存车线，堵塞中断行车影响运营时，按中断正线行车论。

线路修复后如需进行试运转的，以试运转完了的时间作为线路开通的时间。如试运转后不能通车需要继续整修时，以线路实际达到连续通行列车行车条件时为线路开通时间。破损的设备没有移开线路而影响行车时，不能作为线路开通。

如列车能在站内其他线路通行，又回到原正线上发车进入区间的，不按中断正线论。

10．未准备好进路

有下列情况之一的属于未准备好进路：

第一，进路联锁关系未建立；

第二，进路上存在有危及行车的障碍物；

第三，进路上的道岔未开通正确方向、未锁闭；

第四，邻线的列车、工程车、车辆等越出警冲标。

11．占用区间

有下列情况之一的属于占用区间：

第一，闭塞区间进入列车或已停留、溜入工程车、车辆等；

第二，封锁的区间（如安排进行施工作业等）；

第三，闭塞区间已被列车取得占用的许可。

12．占用线

指停有列车、车辆、工程车的轨道区段线路或已封锁的线路。

13．列车冒进信号

列车前端任何一部分越过进路防护信号机显示的停车信号（行车调度员允许越过的除外）。

14．错开车门

有下列情况之一的属于错开车门：

第一，列车未对好站台开启客室门（指列车至少有一个客室门越出站台头端墙或尾端墙。但经行车调度员同意的除外）；

第二，开启无站台一侧的客室门（故障情况下经行车调度员同意的除外）；

第三，在非乘降乘客侧开启客室门。

15．运行中开门

系指在列车运行过程中，因车门故障等原因，客室门打开。

16. 未办或错办行车手续发车

系指站间电话行车法时未与邻站（或相邻闭塞办理站）办理手续或办理手续后由于未交、错交、未拿、错拿、漏填、错填行车凭证而发车。（交与司机后，发现凭证的日期、区间、车次错误，亦为错误办理行车凭证发车）。

17. 夹人、夹物动车

系指列车夹住人体任何部位或物品动车。

18. 挤岔

车轮挤过或挤坏（使尖轨与基本轨分离）道岔。

19. 列车分离

系指列车因车辆连接状态或车钩作用不良而发生的车辆分离。（包括车钩缓冲装置破损）。

20. 列车救援

控制中心根据实际情况决定是否启动列车救援程序，时间起算点为控制中心正式发布救援命令的时间，截止点为救援列车与故障列车连挂后动车的时间。办理列车救援时，造成中断正线行车时间不足30min，其救援责任不考核时间延误责任，仅对车辆故障考核其救援责任；当中断正线行车的时间满30min及以上时，按办理救援作业的相关单位造成的

延误时间考核其承担的责任，但因延误时间的总计最大责任比例不超过40%。其中：行车调度员、司机、车站行车值班员在办理发布与接收调度命令的时间不得超过4min。故障车或救援车清客时间不得超过5min。

21. 未经批准

批准的权限为分公司以上级别正式文件、通知、文本、规章制度的明确规定，分公司领导的明确指令，控制中心相关专业调度的口头或书面命令。

22. 人工准备进路手摇道岔超过30min

正线道岔发生电动转换控制故障时，站务人员通过人工转换道岔排列进路，自站务人员到现场进行手摇道岔时间起，超过30min的故障延时间隔时间列信号设备维修部门责任。

23. 乘客通过隧道内疏散

乘客通过隧道内疏散指列车由于故障或火灾在区间隧道内无法动车，致使乘客通过隧道地面疏散到站台。

24. 不良社会影响

不良社会影响是指市以上相关部门或媒体对发生的事件进行报道或指令地铁公司进行整改，或事件影响引起公众的恐慌或指责性异议。

二、运营事故的处理原则及分析

（一）运营事故的处理原则

运营事故处理原则是为了及时正确处理地铁运营事故，维护地铁运营秩序，减少事故损失，贯彻"安全第一、预防为主、综合治理"的方针，使地铁更好地服务社会。

凡在正线、辅助线、车厂线及总部所属管辖范围内由于地铁自身原因造成人员伤亡、设备损坏、经济损失、中断行车、火灾或其他危及运营安全的情况，均构成运营事故。由于不可抗力、社会治安等非地铁责任原因产生后果的均不列入地铁运营事故统计范围。

发生运营事故后，应采取积极措施，迅速组织救援处理，尽快恢复运营，尽量减少事故损失。

处理事故要以事实为依据，以国家法律、法规和分公司规章制度为准绳，坚持"四不放过"的原则，认真调查分析，查明原因，分清责任，吸取教训，制定对策。对事故责任者，应根据事故性质和情节，予以批评教育、经济惩罚、行政处分直至追究法律责任。并根据事故性质、情节的严重性，按有关规定逐级追究责任。

总部安全管理委员会（以下简称安委会）是运营事故调查处理的主管机构，负责组织事故的调查分析和定性、定责及处理工作。根据事故调查需要成立的各级事故调查小组在总部安委会领导下开展具体的调查分析工作及提供定性、定责及处理建议。

较大事故以上的调查处理根据中华人民共和国国务院令第493号《生产安全事故报告和调查处理条例》及省、市、集团公司有关规定进行调查处理。当事故调查交由上一级部门或集团公司负责时，总部应积极做好协作配合工作。

（二）运营事故的责任判定和处理

1．运营事故责任的划分

①全部责任：负有事故损失及不良影响100%责任；

②主要责任：负有事故损失及不良影响60%～90%责任；

③同等责任：各方均负有事故损失及其不良影响的相同成分的责任；

④次要责任：负有事故损失及不良影响30%～40%责任；

⑤一定责任：负有事故损失及不良影响10%～20%责任；

⑥管理责任：根据事故性质承担。

2．运营事故责任判定的依据

运营事故责任判定的依据是有效的各项规章、制度、办法及规定等。

3. 运营事故责任定责及处理

第一，在正线上因车辆调试作业发生的事故，由于车辆本身技术问题的，由负责组织调试作业的单位或部门承担主要责任（60%）；在非正线上因车辆调试作业发生的事故，由于车辆本身技术问题的，由负责组织调试作业的单位或部门承担主要责任（70%）。但由于其他原因造成的仍按正常事故处理；

第二，因承包商在地铁范围内进行设备维修、施工而造成的运营事故，列承包商责任事故。管理部门承担管理责任；

第三，因货物装载不良或押运人员监督不力造成的事故，由装载部门或押运部门承担责任；

第四，由于车辆、设备、设施、器材、装置发生异常状况发生事故时，其事故责任按以下原则处理：

①对于尚无明确分工的项目，按主体责任原则设备管理的部门承担主要责任（60%）；按属地管理原则、相关部门承担次要责任（30%）；负责确定分工的部门承担一定责任（10%）；

②对于已有明确分工的项目按设备分工责任部门承担全部责任；

③车辆、设备、设施、器材、装置发生的异常状况时，由于处理人员操作不当直接导致发生事故时，列该处理人员及所属部门承担全部责任；

④总部批准的技术革新、科研项目进行试验时，在规定的试验期内，被试验的项目发生事故，不列为运营责任事故。但由于违反操作规程以及其他人为因素仍列责任事故；

⑤正式投入使用的各种运营设备，发生事故时，一律列运营事故；

⑥事故全部由一方原因造成，则承担全部责任；当事故由两方原因造成，但双方推诿扯皮，造成责任难以分清时，可以裁定双方均负有同等责任；

⑦事故由两方或多方原因造成，当各方责任等同时，则各方承担同等责任；

⑧当事故由三方以上原因造成，则视各方责任而依次承担主要责任、次要责任、一定责任；在具有非造成事故直接原因但与事故发生有着一定关系时，则负有一定责任；

⑨涉及事故事件的监控录音或录像资料缺失，监控录音或录像管理单位承担10%责任；

⑩当一起事故具有多种定性条件时，按事故性质等级高的定性。

第五，下列事故可列为非责任事故：

①因自然灾害等原因使设备损坏造成运营事故的；

②因人为故意破坏造成运营事故的；

③特殊情况经总部安委会审查，确定可列非责任事故的。

第六，凡隐瞒事故、弄虚作假、破坏证据等，一经查清，列该部门或人员全部责任；

第七，对工伤和职业病患者处理办法：

①因工作遭受事故伤害或者患职业病的员工应享受的待遇，按《工伤保险条例》执行；

②人力资源部应根据职业禁忌证的要求，对职业病患者安排合理的工作岗位，并办理相关手续；

③总部工会监督检查工伤和患有职业病的职工有关待遇的落实情况，确保职工的合法权益；

第八，其他未尽事宜根据事故调查处理组调查报告由总部安全管理委员会判定。

（三）运营事故的统计分析和总结报告

第一，一般事故折算系数如下：

①一起一级安全事件系数为1（件）一般事故；

②一起二级安全事件系数为0.8（件）一般事故；

③一起三级安全事件系数为0.6（件）一般事故；

④一起四级安全事件系数为0.4（件）一般事故。

⑤一起五级安全事件系数为0.2（件）一般事故；

⑥一起六级安全事件系数为0.1（件）一般事故；

第二，各单位要建立事故记录台账，详细记载各种运营事故发生的经过、原因及处理情况，定期分析总结，根据事故通报，对职工进行安全教育。

第三，事故相关单位应及时将事故发生及应急处理情况汇报总部安全监察部，并负责组织协助事故调查。

第四，事故的统计数字和责任单位以安全监察部的记载为依据。事故涉及两个以上单位时，应将事故件数列入全部责任或主要责任单位。按同等责任论处的事故，责任单位按平均数统计，总部按一件事故统计。

第五，安全监察部负责统计总部事故发生情况，并将事故分析总结报告进行整理建立档案。

第六，列为非责任事故的，事故发生部门统计事故件数，但不影响安全成绩。

第五节　应急预案与事故预防

一、应急预案

（一）应急预案概述

应急预案是针对可能发生的突发事件，政府或企业在事前制订的应对性行动方案，规定了政府和企业在事件前期、中期、后期的工作内容。根据我国政府的规定，按照不同责任主体，预案体系分为国家突发公共事件总体应急预案、突发公共事件专项应急预案、突发公共事件部门应急预案、突发公共事件地方应急预案和企事业单位根据有关法律法规制订的应急预案。我们所讨论的城市轨道交通应急预案为上述最后一种类型。

城市轨道交通运营企业应根据我国有关法律法规，针对不同等级、不同类型的突发事件制订相对应的应急预案，确保城市轨道交通运营企业在发生突发事件时能组织指挥顺畅，处理应对及时妥善，最大限度减少突发事件造成的损失和影响。

（二）编制应急预案的目的

城市轨道交通运营企业通过应急预案的制订，以实现以下目标：

第一，贯彻城市轨道交通运营企业针对突发事件如何应对处置的指导方针和工作思路，即最大限度保护国家、集体和人民生命财产安全，减少事件造成的损失，减少社会影响，尽快恢复各种秩序。

第二，建立健全城市轨道交通运营企业突发事件应急机制体制，确定突发事件应急管理组织机构的职责和功能，明确运营生产各部门、各专业在应急处置过程中的职责分工、人力部署及协调联动的具体方式。

第三，整合城市轨道交通突发事件应急资源，做到资源配备合理、调配协调、责任到人、常备不懈的应急资源保障体系。随着突发事件紧急情况升级扩大，应急资源在更高层的协调及外部资源支持下能够强化自己的能力。

第四，划分突发事件的不同等级，确定不同等级突发事件的启动程序和应对措施，分清轻重缓急动用资源来进行突发事件管理；为突发事件反应保留一定的处理空间，在突发事件扩大升级后，应急方案也相应升级。

第五，应急预案确定了具体的应急处理措施，对不同等级的突发事件处理进行目标细分和明确。根据这些目标，明确方案的执行规划，包括参与部门和专业人员的目标和职责、执行计划的具体方法和程序、应急资源如何保障等。

（三）城市轨道交通应急预案的制订原则

为对城市轨道交通运营企业发生突发事件时的信息报告程序、指挥系统、抢险组织、现场处理、运营组织、乘客疏散、设备保障、后勤保障、事件调查等工作及地铁运营系统各专业的突发事件应急预案进行规范，城市轨道交通运营企业预案的制订应遵守以下原则：

第一，以"安全第一"为指导思想，确保事件处理有序、可控、快速、及时，尽量缩小事件影响范围，减少事件带来的损失，尽快恢复地铁运营。

第二，总公司安全主管部门为预案编制一级责任部门，负责牵头编制各生产单位、部门的各预案编写计划，汇总审核分公司各相关预案；各生产单位、部门为预案编制的二级责任部门，负责相关专业的预案具体编写工作，并报安全主管部门审核。

第三，各单位、各部门、各专业应根据总公司的要求编制相关事件应急处理预案，并不断完善，提高各单位、各部门、各专业的应急抢险能力。

第四，各部门、各专业应急预案应具有针对性、有效性、可操作性。

（四）城市轨道交通应急预案的依据和基本内容

城市轨道交通运营企业一般依据《中华人民共和国安全生产法》《城市轨道交通运营管理办法》《国家处置城市地铁事件灾难应急预案》和《国家突发公共事件总体应急预案》等相关法律法规，结合本单位的具体情况制订应急预案。其具体内容包括如下几个方面：

第一，运营单位抢险指挥领导人员的组成和职责，抢险指挥领导小组应负责抢险救援的组织、指挥、决策，并指挥各部门实施各自的应急预案，尽快恢复运营秩序。

第二，抢险信息的报告程序应遵循迅速、准确、客观和逐级报告的原则。

第三，现场处置过程中各部门的组织原则及相关职责。

第四，不同事故情况下的抢险救援策略和人员疏散方案。

第五，提供救援人员、通信、物资、医疗救护和生活保障。

应急预案编制完成后，应尽快让工作人员熟悉和演练，通过演练验证事故应急预案的合理性，发现与实际不符合的情况应及时修订和完善。

（五）城市轨道交通应急预案的分类和结构

城市轨道交通运营企业按照应急预案"纵向到底、横向到边"的编制要求，针对各种突发事件类型进行应急预案的系统规划。虽然突发事件种类千差万别，但是导致的后果和产生的影响却是大同小异，城市轨道交通运营企业往往结合自身特点形成最基本的应急模式应对不同突发事件的共性影响。

1. 城市轨道交通应急预案的分类

城市轨道交通运营企业应急预案体系体现了共性与个性、通用性与专业性的特点。按照突发事件的类型来分，可以分为自然灾害、安全事故、公共卫生、社会安全等类型的预案；按照预案体系结构来分，可以分为总体应急预案（综合预案）、专项应急预案和现场应急预案。

（1）总体应急预案

是从总体上阐述处理事故的应急方针、政策、应急组织结构及相关应急职责、应急行动、措施和保障等基本要求和程序，是应对各类事故的综合性文件。

（2）专项应急预案

是对具体的事故类别（如煤矿瓦斯爆炸、危险化学品泄漏等事故）、危险源和应急保障而制订的计划或方案，是综合应急预案的组成部分，应按照综合应急预案的程序和要求组织制订，并作为综合应急预案的附件。专项应急预案应制定明确的救援程序和具体的应急救援措施。

（3）现场处置方案

是针对具体的装置、场所或设施、岗位所制订的应急处置措施。现场处置方案应具体、简单且针对性强。现场处置方案应根据风险评估及危险性控制措施逐一编制，做到事故相关人员应知应会，熟练掌握并通过应急演练做到迅速反应、正确处置；城市轨道交通专项预案和现场预案主要有：恶劣天气应急预案、发生群伤或群体性恐慌事件应急处理程序、地铁消防应急预案、机电设备应急处理措施及程序、供电抢修应急预案、大面积停电应急处理程序、接触网有异物处理程序、自动扶梯导致乘客受伤应急处理程序、安保应急预案及发现可疑物品应急处理程序等。

2. 城市轨道交通应急预案的结构

总体预案、专项预案和现场预案由于各自所处的层次和适用的范围不同，其内容在详略程度和侧重点上会有所不同，但都可以采用相似的基本结构，如采用基于应急任务或功能的"1+4"预案编制基本结构，即应急预案=基本预案+（应急功能附件+特殊风险预案+标准操作程序+支持附件）。

（1）基本预案

它是该项应急预案的总体描述，主要阐述应急预案所要解决的紧急情况，应急的组织体系、方针、资源、总体思路，并明确各应急组织在应急准备和应急行动中的职责以及应急预案的演练和管理等规定。

（2）应急功能附件

它是对在各类重大事故应急救援中通常都要采取的一系列基本应急行动和任务而编写的计划，如指挥、控制、警报、通信、人群疏散、人群安置、医疗等，并应明确每一应急功能针对的形势、目标、负责机构、支持机构、任务要求、应急准备和操作程序等。

（3）特殊风险预案

它是在对城市轨道交通系统进行安全评价的基础上，针对每一种可能发生的重大风险事故，明确其相应的主要负责部门、有关支持部门及其相应的职责，并为该类专项预案的制订提出特殊的要求和指导意见。

（4）标准操作程序

它用来规定在应急预案中每一项任务的实施细节，各个应急部门必须制定相应的标准操作程序，为组织或个人提供履行应急预案中规定的职责和任务时所需的详细指导。标准化操作程序应保证与应急预案协调一致。

（5）支持附件

它主要包括与应急救援有关的支持保障系统的描述及所附相关图表，如：城市轨道交通系统主要危险有害因素登记表、重大事故影响范围预测分析、应急机构及人员通信联络方式、消防设施分布图、疏散线路图、媒体联络方式、相关医疗单位分布图及交通管制范围图等。

二、事故预防

列车安全运行是城市轨道交通最基本的要求，而列车运行是城市轨道交通最容易发生事故的重要环节之一。列车运行事故一旦发生，轻则会打乱城市轨道交通的运营秩序，重则会造成严重的人员和经济损失。从近些年各个城市轨道交通所发生的运行事故来看，列车运行安全已成为城市轨道交通所要解决的首要问题。所以，我们有必要分析造成列车运行事故的原因、掌握列车运行事故的处理原则及方法，并能够通过加强日常的安全管理，尽可能预防此类事故的发生。

列车运行安全，一般是指城市轨道交通列车在运送乘客的过程中对行车人员、行车设备以及乘客产生作用和影响的安全工作。列车运行安全工作包括：行车调度安全、列车驾驶安全、车站作业安全等。

（一）造成列车运行事故的主要原因

通过对以往所发生的行车事故进行分析，我们发现，造成列车运行事故的主要原因有：

1. **行车纪律松弛、制度执行不严**

纪律松弛，标准化作业不落实，责任制贯彻不力，都是造成行车事故的重要因素。

2. **疲劳行车、带情绪行车**

相关作业人员睡眠不足和将受外界环境影响而产生的情绪带入运行作业中，产生生理、心理的疲劳，导致精力不济、精神不集中，给安全行车带来隐患。

3. **业务素质不高**

由于技术问题及缺乏经验，行车人员业务水平不精，不能及时处理运行中的突发事件和故障。

4. **安全意识不强**

行车人员情绪不稳定、思想波动大、责任心不强、行车纪律观念淡薄、臆测行车是造成行车事故的重要原因。

5. **行车技术、设备不完善**

行车设备老化，技术结构不合理，使之不能适应实际行车的需要。

6. **风、雪、雷、电等恶劣气候及环境的影响**

风、写、雷、电等恶劣天气对安全运行的影响是不可低估的。车站人员、列车司机对气候环境变化及对突发事件能否正确处置直接影响城市轨道交通运输的安全。

7. 安全管理及制度、规章的适用性存在缺陷

安全管理归根结底是对人的管理，而各项制度的健全和完善是行车安全的基础，是行车安全的依据，没有完整有效的制度与规定是制约安全行车的重要因素。

（二）行车调度安全

城市轨道交通行车工作是一个互相联系、互相影响的多部门、多单位所组成的完整系统，具有高度集中、统一指挥、各个工作环节紧密联系和协同动作的特点。在这个系统中，各部门、各单位、各工种之间的紧密联系和协调一致对于保证行车安全和提高运输效率有着决定性的意义。行车调度员就是为适应城市轨道交通运输特点而设置的行车工作的统一指挥者，在保障行车安全工作中的作用主要体现在以下三方面：

①指挥行车人员完成各项行车作业，保证列车安全正点运行。

②组织、协调、监督、检查行车各有关部门的安全生产，纠正各种违章现象，及时处理行车中发生的问题，消除事故隐患，防止发生行车事故。

③发生行车事故后，积极组织救援，减少事故损失。

（三）列车驾驶安全

列车驾驶安全是整个城市轨道交通行车安全工作的关键环节之一，是把好行车安全的最后一道关口。

1. 预防列车驾驶发生事故的措施

从安全运行管理的角度分析，行车事故是各种不安全因素相互作用的结果。因此，对行车不安全因素的预防是行车安全的重要环节。

①加强对司机的违章行为造成行车事故的管理与控制；②不断做好对列车司机的技术业务培训；③强化和改善对行车设备的管理；④提高司机适应环境变化与处置突发事件的应变能力。

2. 列车安全驾驶的基本要求

①坚持"九字诀"原则，贯彻执行行车三要素：天、地、人；动车三确认：灯、岔、路；作业三要求：稳、准、熟。

②司机必须经培训中心组织考试合格，取得《电客车司机驾驶证》，并在所属线路通过上岗鉴定后，方可独立驾驶本线电客车。

③严禁学习司机在没有司机的监督下操作列车。

④班前做好行车预想，班后做好总结。对于行车工作中发生的事故事件，必须要如实及时汇报，便于有关人员的调查。

⑤正常情况下只能在前端驾驶列车，只有车辆发生故障、进行有关测试，在前端有列车引导员进行引导，并由行车调度员授权的情况下才能在后端驾驶列车。严禁客车在无人引导的情况下推进运行（有特殊规定除外）。

⑥严格执行"眼看，手指，口呼"的呼唤（应答）制度。

⑦严格执行"彻底瞭望、确认信号、高声呼唤、手比眼看"十六字要求：

一是彻底瞭望——车动集中看，瞭望不间断；

二是确认信号——听不清就问，看不清就停；

三是高声呼唤——看准再喊，准确无误；

四是手比眼看——呼唤为主，手比为辅。

⑧确认信号原则：必须由近及远，依次逐架确认信号机的显示。

⑨行车调度员发布的口头命令，司机必须领会命令内容，作好记录并复诵。书面调度命令必须保留好，退乘时交到客车队长处。

⑩严格按照信号和《运营时刻表》的要求行车，RM、URM模式动车前必须报告行车调度员。

⑪采用电话闭塞法行车时，严禁无《路票》动车，列车原路折返严禁未确认道岔动车（救援时特殊规定除外）。

⑫严禁擅自带无关人员进入驾驶室，如遇相关作业人员需登乘司机室时应严格按照相关规章要求执行，并做好记录。

⑬在运营时间内，发生危及行车安全和运营服务的情况，巡查或抢修人员须登乘客车进入区间隧道巡查或抢修设备时，必须按照相应规章要求执行。

参考文献

[1]游克思，陈丰，罗建晖. 城市地下道路交通指引设计理论与实践[M]. 上海：同济大学出版社，2021.

[2]李文权. 道路通行能力分析方法[M]. 南京：东南大学出版社，2021.

[3]蒋雅君，郭春. 城市地下空间规划与设计[M]. 成都：西南交通大学出版社，2021.

[4]郭世强. 民国西安城市道路系统演变研究[M]. 北京：中国社会科学出版社，2020.

[5]李坤. 城市道路精细化养护管理与技术[M]. 北京：中国建筑工业出版社，2020.

[6]刘晓晨，周志强. 城市道路交通安全出行指南[M]. 北京：人民交通出版社，2020.

[7]肖艳阳. 城市道路与交通规划[M]. 武汉：武汉大学出版社，2019.

[8]程生平，徐波. 城市道路[M]. 北京：中国建筑工业出版社，2019.

[9]王显根，庞京春. 城市道路工程施工质量与安全管理[M]. 徐州：中国矿业大学出版社，2019.

[10]周晨静，王淑伟. 城市道路通行能力分析手册[M]. 北京：中国建筑工业出版社，2019.

[11]黄隆. 道路工程与城市建设[M]. 北京：北京工业大学出版社，2019.

[12]厉以宁. 中国道路与民营企业发展[M]. 北京：商务印书馆，2019.

[13]蔡继明. 中国的城市化[M]. 上海：东方出版中心，2019.

[14]周东东. 城市面具[M]. 北京：中国城市出版社，2019.

[15]陈振林. 城市气象灾害风险防控[M]. 上海：同济大学出版社，2019.

[16]范炳娟. 道路工程施工[M]. 北京：北京理工大学出版社，2019.

[17]刘娴静. 当代中国城市社区治理[M]. 北京：知识产权出版社，2019.

[18]高虹. 经济集聚与中国城市发展[M]. 上海：复旦大学出版社，2019.

[19]左小强. 城市生态景观设计研究[M]. 长春：吉林美术出版社，2019.

[20]杭文. 城市交通拥堵缓解之路[M]. 南京：东南大学出版社，2019.

[21]孙汝. 城市绿化景观创意设计研究[M]. 长春：吉林美术出版社，2019.

[22]梁家琳，闫雪. 当代城市建设中的艺术设计研究[M]. 北京：中国戏剧出版社，2019.

[23]何彩霞. 可持续城市生态景观设计研究[M]. 长春：吉林美术出版社，2019.

[24]李梦希. 城市道路建设问题研究[M]. 北京：九州出版社，2018.

[25]方芳. 当代中国城市道路通行权研究[M]. 沈阳：辽宁人民出版社，2018.

[26]何承，朱扬勇. 城市道路交通状态指数研究[M]. 上海：上海科学技术出版社，2018.

[27]姚佼，赵靖，韩印. 基于车载数据的城市道路交通控制[M]. 北京：中国铁道出版社，2018.

[28]谷康. 城市道路绿地地域性景观规划设计[M]. 南京：东南大学出版社，2018.

[29]吴伟. 车路协同环境下城市道路交通控制方法与建模[M]. 上海：上海交通大学出版社，2018.

[30]肖恢翚. 城市道路交通事件影响分析与疏导策略[M]. 北京：旅游教育出版社，2018.

[31]白维，梁宇，巴大为. 城市道路施工与养护[M]. 长春：东北师范大学出版社，2018.

[32]张慧丽. 城市道路设计[M]. 北京：人民交通出版社，2018.

[33]袁猛，张传刚，李桩. 城市道路桥梁建设与土木工程施工管理[M].长春：吉林科学技术出版社，2018.

[34]胡峰. 广州市城市道路全要素设计手册[M]. 北京：中国建筑工业出版社，2018.